Nachgefragt: Deutsche Geschichte

Reinhard Barth

Nachgefragt:
Deutsche Geschichte
Basiswissen zum Mitreden

Illustrationen von Verena Ballhaus

Bibliografische Information Der Deutschen Bibliothek
Die Deutsche Bibliothek verzeichnet diese Publikation in der
Deutschen Nationalbibliografie; detaillierte bibliografische Daten
sind im Internet über *http://dnb.ddb.de* abrufbar.

Der Umwelt zuliebe ist dieses Buch auf chlorfrei gebleichtem Papier gedruckt.

ISBN 3-7855-5031-6 – 1. Auflage 2004
© 2004 Loewe Verlag GmbH, Bindlach
Umschlagillustration: Verena Ballhaus
Umschlagfoto: gettyimages/Robert Clare
Umschlaggestaltung: Andreas Henze
Herstellung: Martina Düngfelder

www.loewe-verlag.de

Inhaltsverzeichnis

Einleitung 8

Auf dem Weg zum Reich

Wie lebten unsere Ahnen? 12 • Was bewirkte die Völkerwanderung in Deutschland? 13 • Wer hatte die Macht im Frankenreich? 14 • War Karl der Große Deutscher oder Franzose? 15 • Warum förderten die Franken die Mission? 16 • Was war das Lehnswesen? 17 • Was wurde aus dem Reich der Franken? 18 • Wie wurde aus dem Ostfrankenreich Deutschland? 19

Kirche und Staat

Was geschah auf dem Lechfeld? 22 • Warum ging Heinrich IV. nach Canossa? 23 • Wie kam es zum Lombardenbund? 24 • Was erreichte Friedrich II. während seiner Regentschaft? 25 • Was waren die Kreuzzüge? 26 • Was war der Deutsche Orden? 28 • Warum hieß die Pest „der schwarze Tod"? 29 • Was war die Goldene Bulle? 30 • Welche Bedeutung hatte die Hanse? 31 • Wer hatte das Sagen in der mittelalterlichen Stadt? 32 • Warum wurde Johannes Hus auf dem Scheiterhaufen verbrannt? 33 • Was war die Reformation? 34 • Wie kam Karl V. auf den Thron? 36

Glaubenskriege

Was war der Auslöser für den Bauernkrieg? 38 • Was brachte der Augsburger Religionsfriede? 39 • Wie kam es zum Dreißigjährigen Krieg? 40 • Warum wurden Menschen als Hexen und Zauberer verfolgt? 42 • Wie kam es zum Westfälischen Frieden? 43

Absolutismus

Wie begann der Aufstieg Österreichs zur Großmacht? 46 • Was war der Absolutismus? 47 • Warum holte Friedrich Wilhelm die Hugenotten nach Preußen? 48 • Warum musste Friedrich der Große vor seinem Vater fliehen? 49 • Welche Kriege führte Friedrich der Große? 50 • Was geschah bei der Kanonade von Valmy? 51

Freiheitskämpfe

Wie endete das erste deutsche Kaiserreich? 54 • Wie sah die „Revolution von oben" in Preußen aus? 55 • Was wurde auf dem Wiener Kongress verhandelt? 56 • Warum kam es

Anfang des 19. Jahrhunderts zu Studentenrevolten? 58 • Was war der Zollverein? 59 •
Welche Ziele hatte die Revolution von 1848? 60 • Wie schaffte es Bismarck, am
preußischen Parlament vorbeizuregieren? 62 • Was war die Emser Depesche? 63 •
Warum wurde Wilhelm I. in Versailles zum Kaiser gemacht? 64

Die Weltkriege

Was war das Sozialistengesetz? 66 • Wie kam Bismarcks politisches Ende? 67 • Warum
wurde unter Wilhelm II. die Flotte aufgerüstet? 68 • Was waren die Hintergründe für das
Attentat von Sarajewo? 69 • Wie begann der Erste Weltkrieg? 70 • Was geschah nach
dem Ersten Weltkrieg? 72 • Wie kam es zur Weimarer Republik? 73 • Welche Forderungen enthielt der Vertrag von Versailles? 74 • Was verbirgt sich hinter dem Kapp-
Putsch? 75 • Warum wurde Walter Rathenau ermordet? 76 • Was waren die Ursachen
der Inflation? 77 • Was geschah beim Hitler-Putsch in München? 78 • Was wurde auf
der Konferenz von Locarno beschlossen? 79 • Warum heißt der 25. Oktober 1929 auch
„Schwarzer Freitag"? 80 • Wie wirkte sich die Weltwirtschaftskrise aus? 81 • Wie kam
Hitler an die Macht? 82 • Wer zündete den Reichstag an? 84 • Wie organisierten die
Nationalsozialisten ihren Terror? 85 • Wann wurde Deutschland endgültig zur Diktatur?
86 • Wie versuchten die Nationalsozialisten, die Arbeiter für sich zu gewinnen? 87 • Was
geschah beim Röhm-Putsch? 88 • Wie war die Hitlerjugend organisiert? 89 • Wie
wurden die Juden entrechtet? 90 • Was geschah in der Reichskristallnacht? 91 • Was
waren Hitlers Ziele in der Außenpolitik? 92 • Wie brach der Zweite Weltkrieg aus? 93 •
Was war das Unternehmen Barbarossa? 94 • Was wollte die Weiße Rose erreichen? 95 •
Was war der Holocaust? 96 • Was geschah am 20. Juli 1944? 98 • Was bedeutete die
bedingungslose Kapitulation für die Deutschen? 99

Die Nachkriegszeit

Wie sah es in Deutschland nach dem Krieg aus? 102 • Was wurde im Potsdamer
Abkommen vereinbart? 104 • Wer war in den Nürnberger Prozessen angeklagt? 106 •
Wie entstand die SED? 107 • Wann wurde die D-Mark eingeführt? 108 • Wie entstand
das Grundgesetz? 109 • Wann wurde die DDR gegründet? 110 • War das „Wirtschafts-
wunder" ein Wunder? 111 • Was ist unter Wiedergutmachung zu verstehen? 112 •
Was geschah am 17. Juni 1953? 113 • Wie kam es zur Gründung der Bundeswehr? 114
• Was war der Warschauer Pakt? 115 • Wann wurde der Grundstein für die europäische
Einigung gelegt? 116 • Was geschah am 13. August 1961? 117 • Was waren die „68er"?
118

Ein vereintes Deutschland

Wie begann die Annäherung zwischen den beiden deutschen Staaten? 120 • Was
geschah im „deutschen Herbst"? 121 • Ab wann wurde die Kernenergie in Deutschland

friedlich genutzt? 122 • Warum musste Bundeskanzler Schmidt abtreten? 123 • Wo liegen die Anfänge der Partei „Die Grünen"? 124 • Welche Forderungen hatten die Teilnehmer der Montagsdemonstrationen? 125 • Wie kam es zur Maueröffnung? 126 • Wie wurde aus zwei deutschen Staaten ein Deutschland? 127

Zeittafel 128

Stichwortverzeichnis 134

Einleitung

Aus der Geschichte lernen wir für das Leben. Das wussten schon die alten Römer, die den Satz von der „Historia magistra vitae", der Lehrmeisterin Geschichte, der Nachwelt hinterließen.

So alt, wie das Wort ist, so abgedroschen ist es auch? Mancher von euch, den man in der Schule mit Lebensdaten längst verschollener Könige und Erläuterungen zu überholten Wirtschaftsformen plagt, denkt vielleicht so. Geschichte erscheint als ein Haufen unnützes Zeug, mit dem man nichts anfangen kann und von dem man eigentlich auch nichts zu wissen braucht. Was gehen uns die alten Sachen an, die Jahrzehnte und sogar Jahrhunderte zurückliegen?

Und doch geht jeder, auch das Kind schon, mit Geschichte um, mit der eigenen nämlich. Pausenlos machen wir Erfahrungen, speichern unsere Erlebnisse und rufen sie wieder ab, wenn es gilt, Probleme der Gegenwart zu meistern. Würden wir es nicht so machen, wären wir bald aufgeschmissen. Erlebnisse und Erfahrungen bilden den Grundstock unserer Persönlichkeit. Und es sind auch nicht allein die eigenen Erlebnisse und Erfahrungen, sondern auch die von anderen, von Freunden oder Geschwistern, von Eltern und Großeltern, die wir aufnehmen und uns aneignen.

Nicht anders verhalten sich Gruppen und Organisationen. Familien, Schulen, Sportvereine – alle haben ihre Geschichte, alle tragen Erfahrungen aus früheren Epochen mit sich, von denen sie bestimmt sind. Der Kreis lässt sich erweitern auf Völker und Staaten, deren Eigenschaften und Interessen oft genug aus bestimmten geschichtlichen Entwicklungen herzuleiten sind.

Natürlich wird für den Betrachter das Bild dann immer verwirrender, und über dem Herausarbeiten der großen Linien geht die Anschaulichkeit verloren. Da kann es dann tatsächlich zu der bewussten Frage „Was geht's mich an?" kommen.

Dieses Buch geht deswegen kleinteilig vor. Es erzählt Geschichte in Geschichten. Es hebt ein einzelnes Ereignis, eine einzelne Person hervor, arbeitet den Höhepunkt oder das Typische einer Epoche heraus. Aus kleinen Beiträgen entsteht so ein Bild der deutschen Geschichte, das vielleicht auf den ersten Blick zunächst nur einzelne Aspekte liefert, dafür aber auch immer etwas, das im Gedächtnis haften kann.

Deshalb muss das Buch auch nicht „in einem Rutsch" durchgelesen werden. Die Kapitel lassen sich auch unabhängig voneinander lesen – von vorne nach hinten, je nachdem, über welches Ereignis und welche historische Person man gerade etwas wissen will. Damit der größere Zusammenhang noch erkennbar bleibt, findet ihr im Anhang des Buches eine Zeittafel. Und wenn ihr schnell etwas wiederfinden wollt, erleichtert euch ein Personen- und Sachregister das Nachschlagen.

Das letzte Kapitel des Buches handelt von der Wiedervereinigung Deutschlands im Jahr 1990. Ist die deutsche Geschichte damit an ihr Ende gekommen? Natürlich nicht, aber doch bis an einen Punkt, von dem aus sich in der Rückschau die Dinge noch beurteilen lassen. Was dann kam (und kommt), muss sich erst noch klären. Ist schon zusammengewachsen, was nach dem viel zitierten Wort von Willy Brandt zusammengehört, ist die Mauer in den Köpfen schon verschwunden? Welche Rolle spielt Deutschland in Europa, welche in der Welt? Die Geschichte Deutschlands geht weiter …

Euch Lesern bleibt es überlassen, das Geschehen der Gegenwart aufmerksam zu verfolgen und für euch zu bestimmen, was aus der Menge der Nachrichten, mit denen uns täglich die Medien überschwemmen, Stoff künftiger Geschichtsbücher werden könnte.

Auf dem Weg zum Reich

Wie lebten unsere Ahnen?

Aus römischen Quellen stammen die ersten Nachrichten über Deutschlands Urbevölkerung. Vor 1900 Jahren schreibt Tacitus: „Trotzig leuchten ihre blauen Augen, rotblond glänzen ihre Haare, kräftig und stattlich sind sie gewachsen."

Und der Autor fährt fort: „Für beschwerliche Arbeiten haben sie keine Ausdauer, und Durst und Hitze können sie nicht gut ertragen. An Kälte und Hunger sind sie dagegen gewöhnt, das liegt an den Witterungsverhältnissen und an der Bodenbeschaffenheit ihres Landes." Die da aus dem Blickwinkel eines Mannes aus dem Süden geschildert werden, sind unsere Vorfahren, die Germanen. Sie waren Nachbarn der Römer, die ihr Weltreich bis an den Rhein und die Donau ausgedehnt hatten.

Die Germanen wohnten in Einzelhöfen oder kleinen Dörfern und lebten von Ackerbau und Viehzucht. Es gab zu keiner Zeit einen einheitlichen germanischen Staat, vielmehr teilten sich die Germanen in zahlreiche Stämme und Gruppen auf, deren Merkmal die gemeinsame Abstammung bildete. Auf Volksversammlungen entschieden sie über Krieg und Frieden, sprachen Recht und wählten ihre Führer.

Die Grenze zwischen dem Römischen Reich und Germanien war zwar militärisch gesichert, andererseits aber auch durchlässig, zum Beispiel für Kaufleute, die ihre Waren im rauen Norden an den Mann (und an die Frau) brachten. Viele Germanen waren Söldner im römischen Heer. Denn Kriegführen, das wusste auch schon Tacitus, stand bei den Germanen hoch im Kurs, „gilt es doch bei ihnen als schlapp und unwürdig, sich im Schweiße seines Angesichts das mühsam zu erarbeiten, was man im blutigen Kampfe erringen kann".

Auf dem Weg zum Reich

Römische Kaiser hatten hin und wieder einzelnen germanischen Stämmen erlaubt, sich im Herrschaftsgebiet Roms anzusiedeln. Daraus wurde im 5. und 6. Jahrhundert eine Massenbewegung, die Völkerwanderung.

Was bewirkte die Völkerwanderung in Deutschland?

Germanische Stämme überschwemmten den Westen des Römischen Reiches und gründeten dort eigene Reiche – die Westgoten in Südfrankreich und Spanien, die Wandalen in Nordafrika, die Ostgoten und die Langobarden in Italien. Die Römer konnten das nicht verhindern, ihr Weltreich begann zu bröckeln. Die germanischen Staaten in der Fremde sollten aber nicht lange halten: Einer nach dem anderen verschwanden sie wieder.

Im Gebiet des heutigen Deutschlands hatte die Völkerwanderung eine andere Wirkung: Einwandernde Gruppen von Germanen schlossen sich mit bereits ansässigen zu größeren Verbänden zusammen. Es kristallisierten sich fünf große Stämme heraus, die das Gebiet unter sich aufteilten: Sachsen, Franken, Thüringer, Alemannen und Baiern. Im Osten und Nordosten rückten die Slawen ein.

Unter den fünf genannten Germanenstämmen bekamen die Franken bald das größte Gewicht. Das lag daran, dass ihr Siedlungsraum zu großen Teilen ehemals römisch verwaltetes Land war. Die Franken fanden blühende Städte und ein gut erhaltenes Straßennetz vor, sie beließen die römischen Beamten auf ihren Posten und übernahmen auch das römische Steuerwesen. Und sie sicherten sich die Mitarbeit der römisch-katholischen Kirche: Ihr König Chlodwig I. (482–511) trat zum Christentum über und verordnete seinem Volk, dasselbe zu tun.

13 | *Auf dem Weg zum Reich*

Wer hatte die Macht im Frankenreich?

Die Reichsbildung der Franken ist mit dem Herrschergeschlecht der Merowinger verknüpft. Der Überlieferung zufolge stammten sie von einem Fürsten namens Merovech ab, der von einem Meeresgott gezeugt worden sein sollte.

Chlodwig I. (482–511) war einer von ihnen. Mit Siegen über den römischen Statthalter Syagrius (486), über die Alemannen (um 494) und die Westgoten (507) dehnte er sein Herrschaftsgebiet immer weiter aus. Das germanische Erbrecht, das allen Königssöhnen eine Beteiligung am Erbe zusicherte, führte unter Chlodwigs Nachfolgern zu immer neuen Reichsteilungen und Kämpfen. Verschwörungen und Morde waren an der Tagesordnung, am schlimmsten in der Zeit, in der zwei Frauen, Fredegunde († 597) und Brunichilde († 613), das Merowingerhaus zum Schauplatz ihrer Privatkämpfe machten.

Schattendynastie Königsgeschlecht, das keine wirkliche Macht hat

Im 7. Jahrhundert sanken die Merowinger zu einer *Schattendynastie* ab. Die wahre Macht übten nun so genannte Hausmeier aus, das heißt Mitglieder des Adels, die eigentlich dem König bei der Verwaltung helfen sollten. Mit Pippin II. (687–714) begann der Aufstieg der Hausmeier aus dem Geschlecht der Karolinger. 751 setzte Pippin III. den letzten merowingischen König Childerich III. ab und ließ sich mit Unterstützung des Papstes selbst zum König krönen. Das Bündnis mit der Kirche in Rom hatte weit reichende Folgen: Es bereitete den Boden, auf dem Pippins Sohn Karl der Große (768–814) das *abendländische* Kaisertum errichten konnte. Während Karls Regierungszeit wurde das Frankenreich immer größer. Es reichte schließlich vom Ebro bis zur Elbe, von der Bretagne bis nach Ungarn und von Holstein bis nach Mittelitalien.

Mit **Abendland** bezeichnete man im Mittelalter Europa. Das Morgenland war der Orient – der vordere und mittlere Teil Asiens.

Auf dem Weg zum Reich

Schon von seinen Zeitgenossen wurde er „der Große" genannt: Frankenkönig Karl galt der damaligen Zeit als Beispiel eines idealen Herrschers, und um den lebensfrohen Mann rankten sich bald die üppigsten Legenden.

War Karl der Große Deutscher oder Franzose?

Äußerlich war Karl kräftig und hoch gewachsen. Er liebte die Jagd und den Kampf. Als Staatsmann handelte er energisch, mit dem Sinn für den richtigen Zeitpunkt. Ausgeprägtes Rechtsgefühl und Frömmigkeit verbanden sich mit großem Lerneifer; der Herrscher hörte auf seine Ratgeber und war immer bereit, zu neuern und zu verbessern. Aber auch dunkle Flecken gehören zum Bild des Königs: Im Kampf gegen die Sachsen ließ er sich zu Massenhinrichtungen und *Deportationen* hinreißen.

War Karl der Große ein Deutscher? Das war er nicht. War er ein Franzose? Das war er auch nicht, obwohl er im heutigen Frankreich gerne als solcher gesehen wird und man ihn ohne weiteres als Schöpfer des französischen Staates feiert. Karl war Franke, das bedeutete damals nichts weiter als Angehöriger eines bestimmten germanischen Volksstammes. Aber wenn man so will, war er Europäer. Er wollte das Römische Reich wiederherstellen, das in der Völkerwanderungszeit untergegangen war, jedenfalls den westlichen, „europäischen" Teil.

Bei der Kaiserkrönung in Rom am Weihnachtstag des Jahres 800 begrüßte das Volk ihn als Nachfolger der römischen Kaiser. Papst Leo III. setzte ihm während des Gottesdienstes die Krone auf. Das Letztere war wohl nicht abgesprochen – wenn überhaupt, hätte sich Karl selbst krönen wollen –, und es sollte Folgen haben: Die Päpste beriefen sich nämlich ab diesem Zeitpunkt darauf, dass der Kaiser seine Macht von ihnen empfange.

Deportation
Abtransport, Verschleppung

Warum förderten die Franken die Mission?

Es war das Bündnis mit der Kirche, dem das Frankenreich seinen Aufstieg verdankte. Denn die Kirche besaß nicht nur Macht über die Seelen, sie war auch straff organisiert und bestimmte das kulturelle Leben.

Die Angelsachsen lebten im heutigen England.

Um 500 nahmen die Franken den christlichen Glauben an. In den nächsten drei Jahrhunderten folgten ihnen die übrigen Germanenstämme Mitteleuropas, was der christlichen Mission zu verdanken war. Die Gewöhnung an die neue Religion war aber oft nur äußerlich: Heidnische Sitten und Gebräuche lebten trotzdem fort. Für die fränkischen Herrscher, besonders die Karolinger, in deren Reich zahlreiche verschiedene Völker lebten, wurde das Christentum zum wichtigsten Mittel, um die besiegten Stämme in ihre Herrschaft einzubinden. Daher förderten sie die Mission und unterstützten den Aufbau einer Kirchenorganisation. Am gründlichsten (und brutalsten) tat das Karl der Große in Sachsen, wo er den Eroberungskrieg mit einer Zerstörung der alten heidnischen Heiligtümer begann.

Missionsarbeit leisteten in dieser Zeit fast ausschließlich Mönche aus „Übersee", das heißt aus Irland und England. Die Iren kamen als Erste. Vom späten 6. bis zur Mitte des 8. Jahrhunderts gründeten sie in Burgund, im Alpenraum und in Oberitalien eine reiche Klosterkultur. Die *Angelsachsen*, die vom späten 7. bis zum späten 9. Jahrhundert auf dem Kontinent tätig waren (mit Bonifatius als bekanntestem Vertreter), betrieben die Mission hauptsächlich „vor Ort", unter den heidnischen oder nur halb und halb bekehrten Germanen im fränkischen Machtbereich. Bonifatius kam dabei ums Leben, ihn erschlugen die Friesen im Jahr 754.

Auf dem Weg zum Reich

Das Geldwesen im Frankenreich war noch nicht weit entwickelt: Wer Kriegs-, Hof- oder andere Dienste leistete, wurde nicht mit Geld entschädigt – man bezahlte ihn mit dem, was der Erdboden hergab.

Was war das Lehnswesen?

Man nannte das „Lehen" und meinte damit die Nutzung des Bodens. Die Lehen stammten aus dem königlichen Besitz, denn der König galt als Herr über den gesamten Boden, und alles, was darin war. Sogar das Erz, das in der Tiefe lag, gehörte ihm. Und er verschenkte sein Eigentum nicht, sondern verlieh es.

Diese so genannte Landleihe wurde ergänzt durch das germanische Prinzip der beiderseitigen Gefolgschaftstreue: Der Mann hatte dem Herrn Treue zu halten und genauso der Herr dem Mann. Für den Fall, dass der Lehnsherr die Herrentreue brach und zum Tyrannen wurde, gab es sogar ein Widerstandsrecht.

Die großen Lehnsherren, die ihr Lehen direkt vom König oder Kaiser hatten (so genannte Kronvasallen), vergaben ihrerseits Lehen an ihre „Dienstmannen" und schufen sich so eine eigene Gefolgschaft. Auf diese Weise entwickelte sich eine klar gegliederte Lehenspyramide, an deren Spitze der König stand und deren Fundament die Unterlehnsträger, die Masse des königlichen Reiter-(= Ritter-)heeres, bildeten.

Dieses Geflecht der persönlichen Abhängigkeiten zu überschauen war nicht leicht. Immer mehr Lehnsleute begannen deshalb ihren Besitz nicht mehr als geliehen zu betrachten, sondern als Eigentum, das man auf alle Zeit besaß und das man vererben konnte.

17 | Auf dem Weg zum Reich

Was wurde aus dem Reich der Franken?

Das Reich, das Karl der Große geschaffen hatte, zerfiel unter seinen Enkeln. Nach mehreren Kriegen, in denen sich keiner richtig durchsetzen konnte, besiegelten sie im Vertrag von Verdun (843) die Teilung.

Lothar I. (795–855), der Älteste, erhielt Italien, die Provence und den Mittelstreifen des Karlsreiches bis hinauf nach Friesland. Ludwig (um 805–876) bekam das Gebiet östlich von Rhein und Aare. Die Länder westlich von Schelde, Maas, Rhone und Saône fielen an den Halbbruder der beiden, Karl den Kahlen (823–877).

Das in der Mitte liegende, nach Lothar benannte „Lotharingien" sollte weiter Zankapfel bleiben, hier fanden noch weitere Teilungen statt. Die beiden anderen Reiche dagegen, das im Westen und das im Osten, entwickelten sich zu stabilen Größen. Aus ihnen entstanden die Staaten, die wir heute Frankreich und Deutschland nennen. Weil das Westfrankenreich hauptsächlich Gebiete umfasste, die früher römisch verwaltet worden waren, nahm es verstärkt die Einflüsse der römischen Kultur auf. In der Sprache ist das gut zu erkennen: Während die Ostfranken mehr oder weniger nur die altgermanischen Dialekte weiterentwickelten, mischte sich im Westfrankenreich das Germanische mit der vom Latein geprägten Sprache der Einheimischen. Ost- und Westfranken brauchten bald Dolmetscher, um sich untereinander zu verstehen. In den Schriften dieser Zeit taucht erstmals die Bezeichnung „theodisca" oder „diutisca" für die Sprache auf, die man im Ostfrankenreich benutzte. Eigentlich heißt das nur so viel wie „Volkssprache" (im Gegensatz zum Latein der Gelehrten). Aber daraus wurde der Begriff für dieses Volk selbst, das so sprach – eben die „Deutschen".

Auf dem Weg zum Reich

Wie wurde aus dem Ostfrankenreich Deutschland?

Heinrich, Herzog der Sachsen, soll nichts ahnend an einer Falle zum Fangen von Vögeln, gesessen haben, als ihn die Nachricht erreichte, dass er zum König des Ostfrankenreichs gewählt worden sei. So will es die Sage.

Tatsächlich war der „Vogeler" (so sein Beiname) wohl kaum überrascht. Es lief alles darauf zu, dass ein Sachse die Führung übernahm. Karl der Große hatte den Stamm der Sachsen nach jahrzehntelangem Krieg mit Gewalt in sein Reich hineingezwungen (siehe Seite 15). Lange hatte es gedauert, bis sich die Sachsen mit der Niederlage abfanden und bereit waren, friedlich mit den Franken zu leben. Aber aus den Unterdrückten waren inzwischen Partner geworden, und im Ostfrankenreich, das aus den Teilungen des 9. Jahrhunderts hervorging, hatte das Herzogtum Sachsen bedeutende Macht.

Doch solange noch Nachfolger Karls des Großen lebten, bestand die Möglichkeit, dass die auseinander strebenden Teile wieder zu einem Großreich zusammengefügt würden. Damit war Schluss, als der letzte ostfränkische König aus dem Geschlecht der Karolinger, Konrad von Franken, 918 starb. Die Reichsversammlung wählte Heinrich von Sachsen zum Nachfolger. Mit ihm, der 919 sein Amt ohne Zeremonie antrat, beginnt die eigenständige deutsche Geschichte. Aus Ostfranken war endgültig Deutschland geworden.

Heinrichs größte Leistung in seiner Regierungszeit (bis 936) war die Sicherung des Reiches nach Osten. Er trieb den Burgenbau voran, kämpfte erfolgreich gegen Elbslawen und Böhmen und besiegte die Ungarn. Noch zu Lebzeiten bestimmte er seinen Sohn Otto zum Nachfolger. Sächsische Herrscher, Ottonen genannt, stellten die deutschen Könige bis 1024.

Auf dem Weg zum Reich

Kirche und Staat

Was geschah auf dem Lechfeld?

60 Jahre lang unternahmen die Ungarn immer wieder Raubzüge nach Deutschland. Sie wollten nicht erobern, nur plündern. Auf kleinen flinken Pferden reitend, wichen sie meist dem Kampf aus und zogen sich rasch wieder zurück.

Der zunehmende Burgenbau und die Aufstellung schwer bewaffneter Reitertruppen durch die deutschen Herrscher machten Überfälle aber immer riskanter. Die Ungarn beschlossen, alles auf eine Karte zu setzen: Sie zogen mit ihrer gesamten Macht nach Bayern, um die Deutschen zur Schlacht herauszufordern. Am 8. August 955 erschienen sie vor Augsburg. Zwei Tage später war das deutsche Heer unter König Otto I. da: insgesamt 4 000 Mann, gepanzerte Reiter aus Bayern, Franken, Sachsen und Schwaben sowie eine Abteilung aus Böhmen als Nachhut. Noch während des Marsches am Fluss Lech entlang wurden sie angegriffen: Eine Gruppe Ungarn warf sich auf die Nachhut, vergaß aber über dem Plündern des Gepäcks, die Attacke fortzusetzen. Otto sandte die fränkischen Reiter nach hinten, die die Ungarn in die Flucht schlugen. Dann stellte sich das deutsche Heer zu einer breiten Schlachtordnung auf. Dem Angriff der gepanzerten Reiter konnten die Ungarn nicht standhalten. Sie stoben auseinander; viele wurden auf der Flucht erschlagen.

Mit der Kaiserkrönung Ottos I. begann ein Reich, das Heiliges Römisches Reich Deutscher Nation genannt wurde. Es endete 1806.

Die Schlacht auf dem Lechfeld war eine der großen Entscheidungsschlachten der Weltgeschichte. Mitteleuropa war endgültig von der Ungarngefahr befreit, das Reitervolk wurde sesshaft und nahm den christlichen Glauben an. Für Otto bedeutete die Schlacht einen wichtigen Schritt auf dem Weg zum Kaisertum, das er 962 mit der Krönung in Rom erreichte.

Kirche und Staat

Wer soll einen Bischof in sein Amt einsetzen? „Wir", sagten die Päpste, „denn es ist ein geistliches Amt." „Wir, sagten die Könige, „denn mit dem Amt sind auch Güter und Rechte verbunden, die aus unserem Besitz stammen."

Warum ging Heinrich IV. nach Canosssa?

Der Streit um die Einsetzung der Bischöfe, die Investitur, wie man damals sagte, zog sich über fast ein halbes Jahrhundert (1075–1122) hin und beschäftigte mehrere Generationen von Königen und Päpsten. Am Ende stand eine Einigung, das Wormser Konkordat (1122), das die Mitwirkung des Königs bei der Bischofswahl deutlich einschränkte.

Es ging im Investiturstreit aber nicht allein um religiöse oder kirchliche Fragen. Politische Interessen mischten sich hinein, so auch, als sich König Heinrich IV. mitten im Winter 1076/77 nach Italien aufmachte. Er hatte versucht, die Wahl des Papstes Gregor VII. (ein Mann, der den päpstlichen Machtanspruch besonders scharf vertrat) zu verhindern, und war mit dem Kirchenbann belegt worden – was den Ausschluss aus der Glaubensgemeinschaft bedeutete. Das nutzten seine Gegner im Reich, um seine Absetzung zu betreiben. Heinrich konnte dem nur entgehen, wenn er innerhalb eines Jahres die Lösung vom Bann erreichte. Darum der Bittgang nach Canossa, einer Burg am Nordhang des Gebirgszuges Apennin.

Drei Tage hintereinander stellte Heinrich sich barfuß, im Büßergewand vor das Burgtor – dann hatte er Erfolg. Am 28. Januar 1077 sprach ihn Papst Gregor VII. frei. Seinen Gegnern in Deutschland hatte Heinrich damit die Hände gebunden, aber zugleich die stets behauptete Gleichstellung gegenüber dem Papst drangegeben.

Noch heute spricht man von einem „Gang nach Canossa", wenn jemand eine große Demütigung auf sich nimmt.

Kirche und Staat

Wie kam es zum Lombardenbund?

An vielen Stellen in Europa war ein Aufblühen des Städtewesens zu beobachten. Am schnellsten aber verlief die Entwicklung in Oberitalien: Das Land erlebte im Hochmittelalter eine Art Wirtschaftswunder.

In den Städten bildete sich eine neue, selbstbewusste Klasse heraus: das Bürgertum, das seine Angelegenheiten selbst in die Hand nahm und keine Einmischung von außen duldete.

Umso größer war der Unwille in den oberitalienischen Städten, als der deutsche Kaiser Friedrich Barbarossa im Jahr 1158 die Rechte des Reiches in Italien wiederherzustellen befahl. Vor allem Mailand leistete Widerstand. Barbarossa brach diesen in einem Feldzug, der im September 1158 mit der *Kapitulation* der Stadt endete. Doch 1161 entbrannte der Krieg aufs Neue. Diesmal wollte Barbarossa die völlige Vernichtung. Planmäßig zerstörten die kaiserlichen Truppen die Nahrungsgrundlagen des Landes, Obstgärten, Weinberge, Kornfelder. Wer den Mailändern Lebensmittel lieferte, dem wurde die Hand abgehackt. Am 1. März 1162 bot die ausgehungerte Stadt Unterwerfung an. Der Kaiser nutzte das, um gründlich abzurechnen. In einer ausgeklügelten Zeremonie mussten die Mailänder ihre Schuld bekennen und Gehorsam schwören. Ihre Stadt ließ Barbarossa zerstören. Mailand sollte auf ewig unbewohnbar bleiben.

Aus diesem radikalen Plan wurde nichts. Weitere oberitalienische Städte stellten sich gegen den Kaiser. Sie gründeten den Lombardenbund, unter dessen Schutz die Mailänder mit dem Wiederaufbau ihrer Stadt begannen. Der Städtebund war ein Erfolg: Am 29. Mai 1176 erlitt Barbarossa bei Legnano eine fürchterliche Niederlage.

Kapitulation
Aufgabe nach einem Kampf

Während des Feldzuges gegen Mailand erschien in der Stadt ein Verstümmelter, dem ein Auge und die Nase fehlte. Er führte fünf Blinde, denen Barbarossa die Augen hatte ausstechen lassen. Der Elendszug sollte die Bürger vor weiterem Widerstand warnen.

Kirche und Staat | 24

„Stupor mundi", das Staunen der Welt, hieß Friedrich II. bei den Zeitgenossen. Damit waren nicht nur seine Fähigkeiten als Herrscher gemeint, sondern mehr noch seine vielseitige Bildung.

Was erreichte Friedrich II. während seiner Regentschaft?

Als er geboren wurde, am 26. Dezember 1194, erstreckte sich das Deutsche Reich bis zur Südspitze von Sizilien, und nicht von ungefähr lag sein Geburtsort (Iesi bei Ancona) mitten in Italien: Das Land im Süden sollte sein Schicksal werden – und es wurde auch das Schicksal seines Geschlechtes, der Staufer. Friedrich II. ließ sich in Deutschland nur blicken, wenn Not am Mann war. Die meiste Zeit verbrachte er in Italien, wo er unaufhörlich in Kämpfe mit aufständischen Baronen, mit den Städten Oberitaliens, mit den Päpsten und sogar mit Mitgliedern der eigenen Familie verwickelt war.

Friedrichs Herrschaft ging von Süditalien aus, das seinem Vater Heinrich VI. durch Heirat zugefallen war. Das Reich, das die Normannen hier gegründet hatten, baute er zu einem modernen, *zentralistisch* gelenkten Beamtenstaat um. Friedrich rief in Neapel die erste abendländische Staatsuniversität ins Leben. In Palermo richtete er seine Hofhaltung ein, Gelehrte und Künstler verkehrten dort mit dem Monarchen. Friedrich selbst beschäftigte sich mit Philosophie und Naturlehre und schrieb ein Buch über die Falkenjagd. Er soll neun Sprachen gesprochen und sieben schriftlich beherrscht haben. Manche sahen in ihm deshalb einen Magier und Gottesleugner.

Nach Friedrichs Tod (1250) gelang es keinem seiner Nachkommen, das staufische Erbe fortzuführen. Der letzte Staufer, der es noch einmal versuchte, Friedrichs Enkel Konradin, wurde 1268 in Neapel hingerichtet.

zentralistisch von einem Mittelpunkt aus; von Zentralbehörden bestimmt

25 | *Kirche und Staat*

Was waren die Kreuzzüge?

In der zweiten Hälfte des 11. Jahrhunderts musste sich das Oströmische Reich gegen schwere Angriffe der Seldschuken wehren, die in Kleinasien (heute Türkei) vordrangen. Wiederholt ergingen Hilferufe an die Christenheit im Westen.

Papst Urban II. nahm schließlich das Gesuch auf. Er dachte allerdings weiter als die Herrscher Ostroms.

Seit 1054 waren Ost- und Westkirche getrennt, aber es erschien möglich, die Wiedervereinigung der beiden Kirchen mithilfe einer gemeinsamen militärischen Aktion des Abendlandes zu bewerkstelligen. Mit einer solchen Aktion verbanden sich auch weit verbreitete Vorstellungen von einem „gerechten Krieg" gegen die so genannten Feinde des christlichen Glaubens, die Muslime.

Außerdem waren Endzeitängste allgemein verbreitet.

Die Menschen fürchteten Gottes Zorn über die sündige Welt, und das ließ die Bereitschaft zu Bußübungen und Wallfahrten gewaltig ansteigen. Hinzu kam die von der Kirche entwickelte Idee einer Art „Friedensbewegung": Der Tatendrang der abendländischen Ritterschaft, der immer nur in Raufhändeln verpuffte, sollte sinnvoll genutzt werden.

Dies alles fasste Papst Urban II. zu einem Programm zusammen, dem Kreuzzug. Vor allem aber gab er der Bewegung ein Ziel – ein Ziel, das jede Mühe lohnte: Jerusalem und damit die Befreiung von Jesu Grab aus den Händen der Muslime. Zwar war deren Regiment dort keineswegs unerträglich, der Pilgerbetrieb funktionierte einigermaßen. Doch der Gedanke einer bewaffneten Wallfahrt ins Heilige Land hatte sich beim Papst und seiner Umgebung festgesetzt, und dieser Gedanke zündete.

Der Aufruf zum Kreuzzug im November 1095 fand bei allen Schichten des Volkes Zustimmung. Ritterheere machten sich genauso auf den Weg wie Bauern. Im Juli 1099 eroberten die Kreuzfahrer Jerusalem. Sie besetzten Palästina und Syrien und gründeten dort christliche Staaten. Zum Schutz der Pilger und zur Landesverteidigung bildeten sich die Ritterorden der Templer, Johanniter und, als Nachzügler, der Deutsche Orden.

Da dieser Außenposten des Abendlandes ständig muslimischen Angriffen ausgesetzt war, brauchte er zur Verteidigung immer mehr Menschen. Dem ersten Kreuzzug folgten weitere, die von englischen und französischen Königen, teils auch von deutschen Herrschern angeführt wurden.

Auch Jugendliche marschierten: Kein Ereignis der Kreuzzugszeit ist von so vielen Legenden umgeben und dichterisch ausgeschmückt worden wie die so genannten Kinderkreuzzüge von 1212. Dabei gibt es nur über einen von ihnen halbwegs zuverlässige Berichte: Unter Führung eines Jungen aus Köln namens Nikolaus zog eine Schar nach Genua. Geld für den Schiffstransport hatte niemand: Das Meer würde sich vor ihnen öffnen, glaubten sie. Wo die tausende von Kindern schließlich abblieben, ist ungewiss. In die Heimat kehrten nur wenige zurück.

Die christlichen Festungen im Heiligen Land fielen eine nach der anderen, das Ende kam 1291 mit der Räumung von Akkon. Obwohl den Kreuzzügen letztlich keine anhaltenden Erfolge beschieden waren, blieben sie doch nicht ganz wirkungslos. Vor allem die italienischen Seestädte Pisa, Genua und Venedig erlebten durch das Aufblühen des Handels mit dem Orient einen ungeheuren Aufschwung. Darüber hinaus wurde durch die Berührung mit der orientalischen Gedankenwelt das geistige Leben Europas nachhaltig beeinflusst.

27 | *Kirche und Staat*

Was war der Deutsche Orden?

Die Idee des Ritterordens fand auch unter den deutschen Rittern Anhänger. Der Deutsche Orden entstand aus einer Hospitalbrüderschaft, die bei der Belagerung von Akkon 1189/1190 Kranke und Verwundete pflegte.

Die Regeln, nach denen die Ordensbrüder lebten, mit dem Gelöbnis von Armut, Keuschheit und Gehorsam, und auch die Prinzipien der Verwaltung des Ordens entsprachen denen der älteren Orden. Was die neue Gründung aber von diesen unterschied, war die nationale Prägung: Im „Ordo Theutonicorum" dienten, wie der Name verriet, deutsche Ritter, während Templer und Johanniter ihr Personal aus aller Herren Länder bezogen.

Durch Schenkungen vergrößerte sich der Besitz des Deutschen Ordens bald beträchtlich. Obwohl er noch bis zum Fall der Stadt Akkon im Jahre 1291 in Palästina blieb, sah er sein Hauptbetätigungsfeld bald woanders, nämlich in Nordosteuropa. Der polnische Herzog Konrad von Masowien hatte 1225/1226 den Deutschen Orden um Hilfe gebeten, weil er von den heidnischen Pruzzen bedrängt wurde. Die deutschen Ritter eroberten daraufhin Preußen und gründeten einen eigenen Staat.

Der Kreuzzugsgedanke lebte hier noch lange fort: Bis weit ins 14. Jahrhundert war es unter der abendländischen Ritterschaft Brauch, zur so genannten Preußenreise in den Osten zu ziehen und dort gegen die heidnischen Nachbarn des Ordenslandes, vor allem die Litauer, zu kämpfen.

Durch den Übertritt der Litauer zum Christentum und durch ein Bündnis, das diese 1386 mit Polen eingingen, kam der Orden in Bedrängnis. 1410 unterlag er seinen Gegnern in der Schlacht bei Tannenberg, 1466 musste er endgültig die Oberherrschaft des polnischen Königs anerkennen.

Kirche und Staat

Warum hieß die Pest „der schwarze Tod"?

Als schwarzen Reiter, der Verderben bringend übers Land braust, so stellte man sich die Pest vor. Daher der Name schwarzer Tod für die Seuche, die 1349/50 Deutschland heimsuchte.

Die Anzeichen der Krankheit sind unheimlich: Geschwulste, die sich über den ganzen Körper ausbreiten, dazu schwarze und blaue Flecken. Kein Arzt kann helfen, der Kranke stirbt innerhalb weniger Tage. Die Friedhöfe reichen nicht aus für die Toten, man wirft sie in rasch angelegte Massengräber ... Das berichten uns die spätmittelalterlichen *Chroniken* von der Pest der Jahre 1349 und 1350. Und sie fügen hinzu, welche Auswirkungen die Krankheit auf das Leben der Gemeinschaft hat: Familien zerfallen, die Kranken werden aus Angst vor Ansteckung ausgestoßen.

Chronik Jahrbuch

Seuchen hatte es oft schon gegeben, auch im Altertum und frühen Mittelalter waren Menschen massenhaft Krankheiten zum Opfer gefallen. Die Pest stellte aber alle früheren Seuchen in den Schatten. In einzelnen Städten löschte sie die Hälfte der Einwohnerschaft aus. Insgesamt starben in Europa wohl 25 Millionen Menschen.

Man wusste damals nichts über den Erreger (ein Bakterium, dass durch Rattenflöhe übertragen wird). Man sah in der Seuche ein Gericht Gottes. An vielen Orten brach religiöser *Fanatismus* aus, Scharen von so genannten Geißlern waren unterwegs: Menschen, die sich mit Ruten schlugen, um sich für ihre Sünden zu strafen. Und man jagte Sündenböcke: Die Juden wurden verdächtigt, die Pest hervorgerufen zu haben. In Straßburg und anderen Städten am Rhein trieb man die Juden zusammen und verbrannte sie bei lebendigem Leibe.

Fanatismus der Versuch, eine Idee rigoros durchzusetzen

Was war die Goldene Bulle?

Im Deutschen Reich galt im Mittelalter das Prinzip des Wahlkönigtums, wenn auch zunächst unter Beachtung des so genannten Geblütsrechts: Man hielt sich daran, Mitglieder einer bestimmten Familie zu wählen. So kamen die Ottonen, Salier und Staufer auf den Thron.

Auch die geistlichen Fürsten wählten zunächst als Angehörige ihrer Stämme; erst im 11. Jahrhundert bildeten sie eine eigene Wählergruppe. Dazu muss man wissen, dass ein geistlicher Fürst (z. B. ein Erzbischof) genauso Ländereien besaß und Lehnsherr war wie ein weltlicher Fürst.

Die Wahl selbst verlief ohne fest geregeltes Wahlverfahren, aber doch so, dass der Stammesadel der vier Hauptstämme (Franken, Schwaben, Sachsen, Bayern) das Stimmrecht ausübte.

Im Lauf der Zeit schälte sich eine Gruppe von zunächst vier, dann sechs, schließlich sieben Fürsten heraus, die bei einer Wahl unbedingt dabei sein sollten. Es waren die Erzbischöfe von Köln, Mainz und Trier, der Pfalzgraf bei Rhein, der Herzog von Sachsen, der Markgraf von Brandenburg und der König von Böhmen. Da die übrigen Fürsten immer weniger Interesse an der Königswahl zeigten, verengte sich der Kreis der Wähler auf diese sieben, die man „Kurfürsten" (von küren = wählen) nannte. Beim Kurverein von Rhense (1338) traten sie zum ersten Mal als organisierte Körperschaft auf.

Mit der so genannten Goldenen Bulle von 1356, die das alleinige Wahlrecht der Kurfürsten bestätigte, wurde der Schlusspunkt unter diese Entwicklung gesetzt. Bei der Wahl galt nun das Mehrheitsprinzip, die Einstimmigkeit wurde fallen gelassen. Außerdem erhielt der König automatisch den Kaisertitel, der Zug nach Rom (siehe auch Seite 15) war nicht mehr nötig.

Die Goldene Bulle hieß so wegen ihres goldenen Siegels.

Die Goldene Bulle blieb bis zum Zerfall des Heiligen Römischen Reiches Deutscher Nation (1806) in Kraft und war damit das in seiner Wirkung bedeutendste Gesetz – sozusagen das Grundgesetz des ersten Kaiserreiches.

Kirche und Staat

Hanse bedeutet „Schar" und meinte ursprünglich den Zusammenschluss von Personen. Im Mittelalter schlossen sich Kaufleute zusammen, um gemeinsam die Gefahren, die mit einer Reise in die Fremde verbunden waren, zu bestehen.

Welche Bedeutung hatte die Hanse?

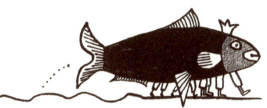

Aus der Verfolgung gleicher Ziele erwuchs eine *Genossenschaft* mit festen Regeln und schließlich ein Bund von Handelsstädten, der den Staaten West-, Nord- und Osteuropas gegenüber als gleichberechtigter Partner auftreten konnte. Bereits um 1157 besaßen die Kölner Kaufleute ein eigenes Haus in London, die *Gilde*halle. Auch Hamburger und Lübecker Kaufleute gründeten Niederlassungen in England. Entlang der Ostsee entstanden zahlreiche Handelsstädte. Über die Insel Gotland lief der Handel mit dem russischen Nowgorod, das seinerseits zentraler Markt für die Waren aus dem russischen Hinterland (vor allem Pelze) war. Wichtigstes Handelsgut, geradezu ein Symbol der Hanse, war der Hering. Die Dänen fingen ihn in den Gewässern vor der Südwestküste Schonens, deutsche Händler kauften ihn, mit Lüneburger Salz wurde er haltbar gemacht und in Rostocker Tonnen zu den Verbrauchern befördert. Flandern mit seiner reichen Tuchproduktion war ein weiteres Handelsziel. Von dort führten Handelswege weiter nach Frankreich und Spanien.

Den Höhepunkt ihrer Macht erreichte die Hanse im Jahr 1370: Der dänische König Waldemar IV. Atterdag hatte ein Mitglied der Hanse, die Stadt Visby auf Gotland, angegriffen. Der Krieg, der daraufhin ausbrach, endete mit einem Sieg der hansischen Kriegsflotte. Im Frieden von Stralsund (1370) musste der Dänenkönig alle Rechte der Hanse bestätigen.

Genossenschaft oder Gilde Zusammenschluss von Einzelpersonen zu einem Verband

Wer hatte das Sagen in der mittelalterlichen Stadt?

Diese Frage wurde im Laufe der Jahrhunderte auf unterschiedliche Weise beantwortet. Das Beispiel von Köln ist hier typisch. Es verdeutlicht den Kampf der Bürger für das Recht auf Selbstbestimmung.

Ursprünglicher Stadtherr von Köln war der Erzbischof. Aber im 12. Jahrhundert schlossen sich reiche Kaufleute zu einer Stadtgemeinde zusammen, die dem Erzbischof das alleinige Recht der Regierung streitig machte. Im 13. Jahrhundert kam es zu regelrechten Kämpfen zwischen der Stadt und dem Erzbischof, bis dieser das Feld räumte und sich aus der Verwaltung der Stadt zurückzog. Alteingesessene Fernhändlerfamilien, die „Geschlechter", dominierten danach den Stadtrat. Sie entwickelten sich zu einer ausbeuterischen Oberschicht, die sich zunehmend auf Finanzgeschäfte verlegte und niemanden emporkommen ließ. Als sie auch noch untereinander Parteien bildete, die in der Stadt regelrecht Krieg führten, schlug die Stunde der *zunft*mäßig organisierten Handwerker und Kaufleute.

Zunft Zusammenschluss von Handwerkern zu einem Verband

Putsch gewaltsame Entmachtung einer Regierung

Sie übernahmen in einem unblutigen *Putsch* am 18. Juni 1396 das Stadtregiment. Auslöser dafür war ein abendlicher Ausritt des Bürgermeisters durch das Handwerkerviertel: Er hatte die Leute gefragt, ob sie nicht bald zu Bett gehen wollten. Daraufhin hatten sie ihn vom Pferd geworfen und zum Aufstand aufgerufen. Im so genannten Verbundbrief vom September 1396 schufen sie sich eine *Verfassung*, die bis zum Anfang des 19. Jahrhunderts in Kraft blieb. Ihr Herzstück war die Ratswahlordnung: Sie legte fest, dass die städtische Selbstverwaltung in den Händen von Zunftmitgliedern liegen sollte, die von den verschiedenen Handwerker- und Kaufleuteverbänden gewählt wurden.

Verfassung das Grundgesetz eines Staates, in dem seine Grundsätze und die Rechte und Pflichten seiner Bürger festgelegt sind

Kirche und Staat 32

Die recht weltliche Macht- und Prachtentfaltung des Papsttums war vielen Kirchenmännern ein Dorn im Auge. Sie forderten eine Reform, also eine Neuordnung der Kirche. So auch der Tscheche Johannes Hus.

Warum wurde Johannes Hus auf dem Scheiterhaufen verbrannt?

1414–18 tagte in Konstanz am Bodensee ein *Konzil*, das Kaiser Sigismund dorthin berufen hatte, um Ordnung in der Kirche zu schaffen. Es gab damals zusätzlich zu allen Missständen auch noch drei Päpste, die alle behaupteten, ordnungsgemäß gewählt zu sein. Mit diesem Problem wurde die Kirchenversammlung schnell fertig: Alle drei Päpste wurden abgesetzt und ein gänzlich neuer gewählt. Die Reform dagegen kam kaum voran. Und in der Frage der Ketzerei, der Abweichungen von der offiziellen kirchlichen Glaubenslehre, belud sich das Konzil mit der Schuld an einem Verbrechen:

Konzil Versammlung von Bischöfen und anderen Vertretern der katholischen Kirche

Unter der Zusage, dass ihm nichts geschehen würde, war Johannes Hus, ein tschechischer Priester, vorgeladen worden. Er sollte sich für die von ihm vertretene Lehre vor dem Konzil verantworten. Hus hatte eine Rückkehr zur Armut der früheren Kirche gefordert und sich dadurch mit der deutschen Geistlichkeit und der deutschen Oberschicht in seinem Land angelegt. Dass an der Prager Universität nur noch Tschechen lehrten und studierten, war auf ihn zurückzuführen. Man erwartete in Konstanz von ihm, dass er seine Überzeugung ändere. Aber das tat er nicht. Daraufhin wurde er zum Tod auf dem Scheiterhaufen verurteilt und am 6. Juli 1417 verbrannt.

In seiner Heimat löste das eine ungeheure religiöse und nationale Erregung aus. Die Anhänger von Hus bewaffneten sich, die Heere der so genannten Hussiten wurden zum Schrecken des Reiches. Erst 1436 hörten die Kampfhandlungen auf.

Was war die Reformation?

"Wenn das Geld im Kasten klingt, die Seele aus dem Fegefeuer springt", versprach der Mönch Johannes Tetzel, der im Land Brandenburg unterwegs war, um Ablasszettel zu verkaufen.

Die Menschen lebten in der Furcht vor Höllenstrafen, die sie nach dem Tod erleiden würden, und glaubten, sich durch gute Werke davon befreien zu können. Gute Werke konnten eine Pilgerfahrt, Wohltätigkeit für die Armen oder auch Spenden an die Kirche sein. Diese machte daraus ein Geschäft: Sie gewährte *Ablass* nach festen Regeln: Je mehr einer zahlte, desto länger würde ihm das Höllenfeuer erspart bleiben.

Ablass
Erlass der Sündenstrafen

Dagegen erhob ein junger Augustinermönch Protest, Martin Luther (1483–1546), Professor an der Universität Wittenberg. In langen Jahren des Lernens und Leidens hatte er sich zu dem Glauben durchgerungen, dass der Mensch allein von Gottes Gnade abhängig sei. Nicht durch Werke, so Luther, werde der Mensch errettet, sondern durch den Glauben.

Eine Beschwerde Luthers über den Ablasshandel blieb unbeantwortet. Daraufhin lud er zu einer Diskussion über 95 *Thesen*, die er gegen diese Lehre aufgestellt hatte. Ob er die Thesen wirklich an der Tür der Schlosskirche zu Wittenberg anschlug, ist nicht gesichert – auf jeden Fall fanden sie ihren Weg in die Öffentlichkeit. Ein Sturm brach los. Zum Verdruss des Volkes über die Verweltlichung und Verschwendungssucht der Kirche kam das Zeitklima des Humanismus: Das traditionelle Weltbild war erschüttert, viele bis dahin als richtig erkannte Lehren wurden in Frage gestellt – eben auch die religiösen.

These
Lehrsatz, der als Ausgangspunkt für ein Streitgespräch dient

Dabei dachte Luther zunächst gar nicht an eine neue Lehre. Er wollte die alte nur neu bewerten. Erst der Widerstand der

Kirche und des Papstes, der Ketzerprozess und die Aufforderung zum Widerruf führten ihn schrittweise zur Loslösung von der Kirche in Rom.

Luthers Landesherr Friedrich der Weise von Sachsen nahm den aufrührerischen Theologen in Schutz und lehnte eine Auslieferung an die Kirche ab. 1520 verbrannte Luther öffentlich das Schreiben des Papstes, das ihm den Ausschluss aus der Kirche androhte. Auf dem Wormser Reichstag 1521 verweigerte er den Widerruf und wurde in die *Reichsacht* erklärt, was so gut wie ein Todesurteil war. Aber wieder griff Friedrich der Weise ein. Er ließ Luther auf der Heimreise entführen und brachte ihn auf die Wartburg in Sicherheit. Dort begann der Reformator mit seiner Übersetzung der Heiligen Schrift (1522/1534).

Luther heiratete und gründete eigene Gemeinden, die sich evangelisch (wegen der geforderten Rückkehr zu den Evangelien) oder protestantisch (wegen des Protestes der Luther-Anhänger gegen die Fortdauer der Reichsacht) nannten.

Reichsacht
Ausschluss aus der Gemeinschaft: „Vogelfreie" durften getötet werden, ohne dass der Mörder mit einer Strafe zu rechnen hatte.

Unterdrücken ließ sich die neue Lehre nicht mehr.

Auf dem Reichstag zu Augsburg 1530 legte die evangelische Partei ein politisches Grundsatzdokument vor, die Augsburgische Konfession. Zwei Jahre später wurde den Protestanten vorläufig die freie Religionsausübung erlaubt.

Porträts von Martin Luther und seiner Frau Katharina von Bora

35 | *Kirche und Staat*

Wie kam Karl V. auf den Thron?

Nach dem Tod Kaiser Maximilians I. (1519) meldeten sich gleich drei königliche Bewerber für die Nachfolge auf dem deutschen Thron: Karl von Kastilien und Aragon, Franz I. von Frankreich und Heinrich VIII. von England.

Das Rennen machte Karl. Für ihn sprach, dass er Habsburger wie Maximilian war, wenn er auch in den Niederlanden aufgewachsen war und Deutsch mehr schlecht als recht beherrschte. Vor allem aber war es sein Geld, das den Ausschlag gab – besser gesagt das Geld der Familie Fugger, das diese zur Verfügung stellte, um die Stimmen der Kurfürsten zu kaufen. Jakob Fugger (1459–1525), Chef des Augsburger Handelshauses der Fugger, war vermutlich der reichste Mann Europas. Er gab Millionen aus, um Karl die Wahl zu sichern – in der Hoffnung, unter Karls Schutz Geschäfte größten Stils abwickeln zu können.

Als Karl gewählt wurde, war er gerade 19 Jahre alt. Sein Großkanzler Mercurino Gattinara gratulierte ihm mit den Worten: „Sire, da Euch Gott diese ungeheure Gnade verliehen hat, Euch über alle Könige und Fürsten der Christenheit zu erhöhen zu einer Macht, die bisher nur Euer Vorgänger Karl der Große besessen hat, so seid Ihr auf dem Weg zur Weltmonarchie." Das war nicht übertrieben: Durch die spanischen Eroberungen in Amerika dehnte sich sein Herrschaftsgebiet weit über Europas Grenzen hinaus – es wurde „das Reich, in dem die Sonne nicht untergeht" genannt. Der junge Herrscher, der fortan Karl V. hieß, sah sich als Nachfolger Karls des Großen als Friedenswahrer und Verteidiger des Glaubens. Dadurch konnte er kein Verständnis für die religiösen Erschütterungen gewinnen, die sich nach Luthers Auftreten in Deutschland anbahnten.

Glaubenskriege

Was war der Auslöser für den Bauernkrieg?

Leibeigenschaft persönliche und wirtschaftliche Abhängigkeit von einem Herrn

Bauernaufstände schwelten seit der Mitte des 15. Jahrhunderts. Die Unzufriedenheit der Bauern erhielt durch die Reformation zusätzlichen Auftrieb und entlud sich 1525 im großen Bauernkrieg, der ganz Süd- und Mitteldeutschland erfasste.

Der Krieg reichte aber auch bis nach Österreich und in den Norden. Die Forderungen der Bauern waren maßvoll: Einschränkungen der Lasten und Frondienste (das sind Dienstleistungen, die zwangsweise verrichtet werden), Abschaffung der *Leibeigenschaft*, Freiheit von Jagd und freier Fischfang, freie Wahl der Pastoren und anderes. Die Bewegung verlief aber ohne einheitliche Führung und wurde bald von radikalen Aufständischen überlaufen, die bei Strafaktionen gegen besonders verhasste Adlige auch vor Mord und Brand nicht zurückschreckten.

Katastrophal für die Sache der Bauern wurde es, dass sich Luther gegen sie wandte. Der Reformator dachte völlig unpolitisch – ihm war es nur um den Glauben und die reine Lehre zu tun, „Schwarmgeisterei" und Ungehorsam gegen die Obrigkeit waren ihm zuwider. Seine Schrift „Wider die räuberischen und mörderischen Rotten der Bauern" traf die Aufstandsbewegung mindestens so schwer wie die militärischen Niederlagen, die dem Aufruhr ein überaus blutiges Ende machten. Insgesamt 100 000 Todesopfer soll der Vernichtungsfeldzug gekostet haben, den die Fürsten mit ihren Söldnerheeren veranstalteten, nachdem sie sich von der ersten Überrumpelung durch die Bauern erholt hatten. Die Niederlage im Krieg schwächte den Bauernstand derart, dass er für Jahrhunderte aus dem öffentlichen Leben verschwand.

Glaubenskriege

Bereits 1539 hatte Kaiser Karl V. vom Reichstag Maßnahmen gegen das Luthertum verlangt. Daraufhin hatten die protestantischen Fürsten und Städte 1531 in Schmalkalden in Thüringen ein Verteidigungsbündnis geschlossen.

Was brachte der Augsburger Religionsfriede?

Da das Reich jedoch noch im Abwehrkampf gegen die Türken stand und danach jahrelang gegen Frankreich Krieg führte, benötigte es die Hilfe der Protestanten. Die Feindseligkeiten zwischen dem Kaiser und der protestantischen Partei wurden deshalb nicht offen ausgetragen.

1546 aber war es so weit. Der so genannte Schmalkaldische Krieg brach aus, in dem der Kaiser bei Mühlberg an der Elbe am 24. April 1547 einen glänzenden Sieg erfocht. Der Schmalkaldische Bund war damit erledigt, doch die Zeit arbeitete gegen Karl V. Beim Versuch, den Triumph vollständig zu machen und die Erblichkeit der Kaiserkrone für seine Familie, den spanischen Zweig der Habsburger, einzuführen, stieß er auf den Widerstand der Fürsten – sogar derjenigen, die mit ihm verbündet gewesen waren.

Er musste daher zulassen, dass auf dem Reichstag von Augsburg 1555 Friedensverhandlungen eingeleitet wurden. Sie endeten mit einem Kompromiss: Die Protestanten wurden reichsrechtlich den Katholiken gleichgestellt. Den einzelnen Landesherren blieb es überlassen, über die *Konfession* der Untertanen zu bestimmen. In konfessionell gemischten Reichsstädten sollte Gleichberechtigung herrschen.

Karl V. hatte die Verhandlungsführung seinem Bruder Ferdinand überlassen. Im folgenden Jahr dankte er ab. Am 21. September 1558 starb er im Kloster von Yuste in Spanien.

Konfession
Glaubensbekenntnis, Glaubensgemeinschaft

Wie kam es zum Dreißigjährigen Krieg?

Für ein halbes Jahrhundert hielt der 1555 in Augsburg geschlossene Religionsfriede. Dann aber verschärften sich die konfessionellen Spannungen erneut. Das lag vor allem an der von Katholiken ins Leben gerufenen Gegenreformation.

Diese Bewegung versuchte, den an die Protestanten verlorenen Boden wiederzugewinnen. In den Reichsbehörden kamen die Machtverhältnisse ins Wanken. 1608 zogen die protestantischen Stände (Fürsten und Reichsstädte) aus dem Reichstag aus und gründeten ein Schutzbündnis, die Union. 1609 schlossen sich ihre katholischen Gegner zur Liga zusammen.

Zum Ausbruch der angestauten Feindseligkeiten kam es in Böhmen. Dort war 1617 der Habsburger Ferdinand II. zum König gewählt worden und hatte sogleich mit der Abschaffung althergebrachter, zum Teil auch religiöser Rechte und Freiheiten begonnen. Daraufhin stürmten am 23. Mai 1618 aufgebrachte Demonstranten das Prager Schloss und warfen zwei Regierungsbeamte aus dem Fenster. Die beiden überlebten den Sturz aus 17 Meter Höhe. Aber der Prager Fenstersturz wurde zum Auslöser des Krieges. Die böhmischen Stände drängten katholische Adlige und Kirchenfürsten aus dem Land. Als im nächsten Jahr Ferdinand II. zum deutschen Kaiser gewählt wurde, versagten sie ihm die Anerkennung und erhoben den Führer der protestantischen Union, den Pfälzer Kurfürsten Friedrich V., zum böhmischen König. Damit wuchs die Auseinandersetzung über Böhmen hinaus und dehnte sich auf das gesamte Reich aus.

Es dauerte nicht lange, da mischten sich auch Kräfte von außen ein: Teils als Geldgeber, teils auch mit eigenen Heeren griffen die Nachbarstaaten ein. Was als Religionskrieg begonnen hatte, nahm den Charakter eines machtpolitischen Kampfes an.

Auf deutschem Boden wurden die Konflikte Europas ausgetragen.

Niemand siegte richtig, und niemand wurde richtig besiegt. Immer fanden sich neue Bundesgenossen, die den Kampf an der Seite der alten Parteien fortsetzen wollten. So erschien Christian IV. von Dänemark 1625 auf dem Kampfplatz; er musste ihn 1626 nach der Niederlage bei Lutter am Barenberge räumen. Ihm folgte 1630 der Schwedenkönig Gustav Adolf; er besiegte den kaiserlichen Feldherrn Tilly bei Breitenfeld und fiel in der Schlacht von Lützen 1632. Schwedische Truppen blieben aber im Land; ihnen gesellten sich ab 1635 französische Heere zu. Die Kaiserlichen erhielten Zuwachs aus Spanien. Kriegsunternehmer wie Albrecht von Wallenstein (1583–1634) stellten eigene Armeen ins Feld, in denen *Söldner* aus aller Herren Ländern dienten.

Söldner
Soldaten, die nicht für das eigene Land, sondern gegen Geld für fremde Interessen kämpfen

Mehr noch als andere Kriege vorher und nachher wurde der Dreißigjährige Krieg auf dem Rücken der Bevölkerung ausgetragen. Je länger er dauerte, desto mehr verrohten die Sitten: Der grausame, plündernde Soldat wurde zur alltäglichen Erscheinung. In zahllosen Berichten und Bildern sind die Nöte der Bevölkerung und das Grauen des Krieges festgehalten: Folter, Mord, Wegschleppen der Vorräte, Zerstörung der Häuser und Vernichtung des gesamten Besitzes. Johann Jakob Christoffel von Grimmelshausen, selbst Kriegsteilnehmer, brachte es in seiner Erzählung „Simplicissimus" (1668) auf den Punkt: „Totschlagen und wieder zu Tod geschlagen werden, Jammer anstellen und wieder jämmerlich leiden, schlagen und wieder geschlagen werden; und in Summa nur verderben und beschädigen …"

41 | *Glaubenskriege*

Warum wurden Menschen als Hexen und Zauberer verfolgt?

1487 verfassten zwei Dominikanermönche den „Hexenhammer", ein Handbuch für Hexenprozesse. Dieser Leitfaden des Aberglaubens brachte Männer und Frauen, die der Zauberei verdächtig waren, vor Gericht.

Die Reformation brachte keine Abhilfe: Den Glauben an Hexen teilten Katholiken mit Protestanten, und im Dreißigjährigen Krieg wurde er zum Massenwahn. Niemals zuvor mussten so viele Menschen unter der Beschuldigung der Hexerei ihr Leben lassen wie in dieser Zeit. Eine einzige Anzeige, ein einziger Verdacht konnte ausreichen, den ganzen Apparat der Verfolgung (von der Anwendung der Folter bis zum Feuertod) in Gang zu setzen.

Am schlimmsten wütete der Terror in den geistlichen Fürstentümern des Rhein-Main-Mosel-Gebietes. In Bamberg wurden zwischen 1616 und 1618 etwa 300 Menschen wegen Hexerei hingerichtet, bei der großen Hexenjagd unter Bischof Fuchs von Dornheim kamen in den Jahren 1626–30 etwa 600 so genannte Zauberer und Unholde ums Leben. Höhere Zahlen werden noch aus Würzburg, Mainz und vor allem Köln genannt, wo dem Bischof Ferdinand von Wittelsbach 2 000 Opfer zugeschrieben werden.

Bald erhoben sich jedoch auch kritische Stimmen, die ein Umdenken einleiteten. 1631 veröffentlichte der *Jesuit* Friedrich Spee von Langenfeld eine Streitschrift gegen das Unrecht der Hexenprozesse.

Bis zum Erlöschen des Wahnsinns war es aber noch ein sehr weiter Weg. Erst 1775 wurde in Deutschland die letzte angebliche Hexe hingerichtet.

Jesuiten
ein Mönchsorden

Glaubenskriege | 42

Die Kriegsparteien trafen sich ab 1645 in Westfalen, um ein Ende des Krieges auszuhandeln. Schweden und deutsche Protestanten bezogen Quartier in Osnabrück, Niederländer, Franzosen, Spanier sowie deutsche Katholiken in Münster.

Wie kam es zum Westfälischen Frieden?

Kaiserliche Gesandte waren sowohl in Osnabrück als auch Münster vertreten. Das 1648 abgeschlossene Vertragswerk, als Westfälischer Friede bezeichnet, beendete ein für alle Mal die konfessionellen Auseinandersetzungen in Deutschland. Auch die so genannten Reformierten, das heißt die Protestanten, die anderen Richtungen als dem Luthertum angehörten, bekamen das Recht, ihren Glauben leben zu dürfen. Die Schweiz und die Niederlande schieden aus dem Reichsverband aus, da beide sowieso schon lange ihre eigenen Wege gingen. Schweden bekam Teile Norddeutschlands, Frankreich Gebiete links des Rheins zugesprochen. Die Verfassung des Reiches änderte sich: Die deutschen Einzelstaaten erhielten volle *Souveränität*, ihnen war lediglich untersagt, Bündnisse gegen den Kaiser zu schließen. Deutschland stellte sich bis zum Ende des Reiches 1806 als ein Flickenteppich von fast 2 000 souveränen Herrschaften dar – von großen Flächenstaaten wie Sachsen oder Bayern bis zu Städten mit ein paar tausend Einwohnern.

Souveränität die volle Selbstständigkeit und Unabhängigkeit eines Staates

Der Westfälische Friede geriet später bei Historikern und Politikern in Verruf. Sie beklagten die verzögerte Bildung eines einheitlichen Nationalstaats und die „Einladung" an Deutschlands Nachbarn, sich in die inneren Verhältnisse des Reiches einzumischen. Heute denkt man anders darüber. Im Zeichen der europäischen Einigung wird das westfälische Friedenswerk als ein Vorbild der Konfliktbewältigung gewürdigt.

Absolutismus

Wie begann der Aufstieg Österreichs zur Großmacht?

Nachdem die Stadt Konstantinopel (das heutige Istanbul) 1453 gefallen war, drangen die Türken immer weiter nach Westen vor. Die Habsburger in Österreich widersetzten sich ihnen zäh und hatten schließlich Erfolg.

In dem Dauerkrieg, den sich die Türken (das osmanische Reich) und Habsburger vom 16. bis ins 18. Jahrhundert lieferten, geriet das österreichische Herrscherhaus mehrmals an den Rand des Untergangs. 1529 waren die Türken vor Wien erschienen, aber nach einer vierwöchigen Belagerung abgerückt. Im Juli 1683 war es wieder so weit: Vor der österreichischen Hauptstadt lagerte ein türkisches Heer von 200 000 Mann. Um die Mauern der Stadt tobten heftige Kämpfe. Der Befehlshaber in Wien, Graf Rüdiger von Starhemberg, hatte nur 15 000 Mann zur Verfügung, aber er schaffte es, durchzuhalten, bis Anfang September ein Heer aus polnischen, kaiserlichen und Reichstruppen eintraf. Dieses besiegte am 12. September 1683 in der Schlacht am Kahlenberge die türkische Belagerungsarmee.

An der Befreiung Wiens hatte auch ein französischer Adliger teilgenommen, den man bei sich zu Hause als Offizier verschmäht hatte: Prinz Eugen von Savoyen, der nun zur herausragenden Gestalt auf den europäischen Schlachtfeldern werden sollte. 1697 wurde er zum Oberbefehlshaber ernannt und erfocht mehrere Siege über die Türken. Seine Erfolgsserie krönte er mit der Eroberung von Belgrad 1717. Damit war Österreichs Aufstieg zur Großmacht besiegelt. Neben dem Königreich Ungarn, das es 1526 durch Erbschaft erworben hatte, gehörten nun auch Siebenbürgen, das Banat, Serbien und die Kleine Walachei zum Herrschaftsbereich der Habsburger.

Im 17. und 18. Jahrhundert wurde die europäische Staatenwelt vom Absolutismus geprägt. Absolutismus meint Alleinherrschaft. Aber anders als ein Tyrann weiß der absolute Herrscher das moralische und religiöse Recht noch über sich.

Was war der Absolutismus?

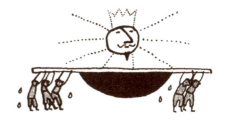

Die absolutistischen *Monarchien* gewannen ihre Stärke durch ihr Recht auf Steuereinnahmen, die ihren Reichtum vergrößerten, und durch die stehenden Heere. Diese Heere waren Berufsarmeen, die auf den Landesherrn eingeschworen waren. Dadurch brachen sie die Macht der Stände, also des Adels und der Geistlichkeit, wenn auch deren Vorrechte nicht angetastet wurden.

Monarchie Staatsform mit einem Herrscher (König, Kaiser) an der Spitze

Die Lasten der immer prunkvolleren Hofhaltungen und der militärischen Aufrüstung trug allein der gemeine Mann. Das nahm ruinöse Formen an: Die Höfe wetteiferten miteinander um die prächtigsten Bauten, Feuerwerke und Theateraufführungen und verbrauchten Unsummen. Das Schloss Versailles, das sich Ludwig XIV. von Frankreich, der „Sonnenkönig", erbauen ließ, verschlang Milliarden, und Kopien dieser Schlösser, die andere Fürsten sich gönnten, belasteten deren Staatshaushalte nicht weniger.

Erst unter dem Einfluss der *Aufklärung* wandelte sich in einigen Ländern das Selbstverständnis der absoluten Monarchen. In Preußen vertrat Friedrich der Große einen solchen aufgeklärten Absolutismus. Der König verstand sich als erster Diener seines Staates, der alles für das Wohl der Untertanen tat, freilich ohne sie dabei mitbestimmen zu lassen. In Frankreich führten die Auswüchse des Absolutismus letztlich zur Revolution (siehe Seite 51).

Aufklärung das Zeitalter, in dem die Ausbildung der menschlichen Vernunft im Vordergrund stand. Der Mensch sollte lernen, mithilfe seiner Vernunft zwischen Wissen und Aberglauben, wahr und unwahr zu unterscheiden.

Warum holte Friedrich Wilhelm die Hugenotten nach Preußen?

„Menschen halte ich für den größten Reichtum." Nach diesem Motto trieb der brandenburgisch-preußische Landesherr Friedrich Wilhelm, der „Große Kurfürst", kluge Einwanderungspolitik.

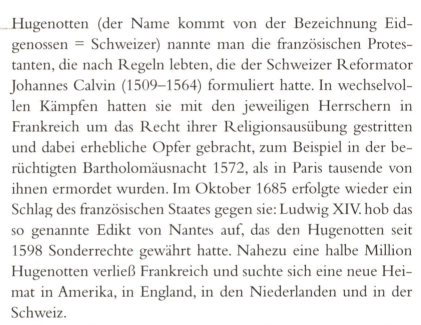

Hugenotten (der Name kommt von der Bezeichnung Eidgenossen = Schweizer) nannte man die französischen Protestanten, die nach Regeln lebten, die der Schweizer Reformator Johannes Calvin (1509–1564) formuliert hatte. In wechselvollen Kämpfen hatten sie mit den jeweiligen Herrschern in Frankreich um das Recht ihrer Religionsausübung gestritten und dabei erhebliche Opfer gebracht, zum Beispiel in der berüchtigten Bartholomäusnacht 1572, als in Paris tausende von ihnen ermordet wurden. Im Oktober 1685 erfolgte wieder ein Schlag des französischen Staates gegen sie: Ludwig XIV. hob das so genannte Edikt von Nantes auf, das den Hugenotten seit 1598 Sonderrechte gewährt hatte. Nahezu eine halbe Million Hugenotten verließ Frankreich und suchte sich eine neue Heimat in Amerika, in England, in den Niederlanden und in der Schweiz.

Eine große Gruppe kam auch nach Deutschland – als Gäste des brandenburgischen Kurfürsten Friedrich Wilhelm, den man später den Großen Kurfürsten nannte. Der Brandenburger wusste, was er tat: Die Hugenotten stellten einen bedeutenden Wirtschaftsfaktor dar, den sein Land gut gebrauchen konnte. Sie brachten Geld und Fachwissen mit, sie gründeten Betriebe und gaben der Wissenschaft neue Anstöße. Mehr als 20 000 Hugenotten folgten der Einladung Friedrich Wilhelms. Sie wuchsen als regierungstreue, fleißige Bürger rasch in den preußisch-brandenburgischen Staat hinein.

Absolutismus

Zwist im preußischen Königshaus: Als 18-Jähriger litt Friedrich der Große schrecklich unter seinem Vater Friedrich Wilhelm I. von Preußen. Er war mit ihm so über Kreuz, dass dieser seinen Tod verlangte.

Warum musste Friedrich der Große vor seinem Vater fliehen?

Friedrich Wilhelm I. von Preußen, den man den Soldatenkönig nannte, war fleißig und sittenstreng, persönlich anspruchslos und ein Feind von jedem Luxus. Kulturelle und geistige Bedürfnisse hatte er nicht – ihm genügte als Abendunterhaltung ein Kreis von Männern, mit denen er rauchte und derbe Witze riss. Sein Sohn dagegen nahm Flötenunterricht und las Bücher. Der Vater fand das „weibisch". Mit Härte und Drill versuchte er, den Kronprinzen auf den rechten Weg zu bringen, erntete aber nur Trotz.

Im Sommer 1730 beschloss Friedrich zu fliehen. Er stellte sich dabei aber so ungeschickt an, dass das Unternehmen aufflog. Als er zum Verhör vor den König geführt wurde, prügelte dieser auf ihn ein und wurde nur mit Mühe daran gehindert, seinen Sohn umzubringen. Aber er ließ es sich nicht nehmen, ihn vor ein Kriegsgericht zu stellen (Friedrich war Oberstleutnant in der preußischen Armee), das ihn als Fahnenflüchtigen zum Tod verurteilen sollte. Das Gericht lehnte dies allerdings ab: Es erklärte sich für nicht zuständig. Dafür wurde ein Fluchthelfer des Kronprinzen, der Leutnant Katte, verurteilt und hingerichtet. Dem Unglücklichen ließ der König sagen, es täte ihm Leid, aber es sei besser, dass er sterbe, als dass die Gerechtigkeit aus der Welt käme.

Friedrich hatte bei der Enthauptung seines Freundes zusehen müssen. Es vergingen Jahre, bis er über das Erlebnis hinwegkam.

Welche Kriege führte Friedrich der Große?

Es gab viele gekrönte Häupter, die ihre Truppen persönlich in die Schlacht führten. Friedrich der Große machte da keine Ausnahme – für ihn war die Kriegsführung lange Jahre sogar eine seiner Hauptbeschäftigungen.

Als Kronprinz mochte Friedrich noch musisch interessiert und von den Ideen des Rechts und der Humanität erfüllt gewesen sein. Aber kaum dass er selbst nach dem Tod seines Vaters 1740 König geworden war, schwenkte er in die Bahnen absolutistischer Eroberungspolitik ein.

Der „Soldatenkönig" hatte eine Armee hinterlassen, von der er selbst nie Gebrauch gemacht hatte. Friedrich nun setzte sie ein, in den Kriegen um Schlesien 1740–42 und 1744/45, im Österreichischen Erbfolgekrieg 1741–48 und schließlich im Siebenjährigen Krieg 1756–63. Preußen hatte es dabei mit starken Gegnern zu tun, Österreichern, Russen, Franzosen, und geriet dabei mehr als einmal an den Rand des Verderbens. Nach der damals herrschenden Auffassung sollte die Kunst des Feldherrn allein im Manövrieren bestehen, Schlachten sollten nach Möglichkeit vermieden werden. Das war in den Feldzügen Friedrichs des Großen nicht der Fall. Sie waren voller blutiger Kämpfe, und die Verluste gingen regelmäßig in die tausende.

Es sind zahlreiche Anekdoten überliefert, die davon erzählen, wie fürsorglich und freundschaftlich Friedrich der Große mit seinen Soldaten umging. Trotzdem konnte er sie ohne Bedenken opfern, wenn der Erfolg in der Schlacht auf der Kippe stand. So trieb er bei Kolin 1757 seine Grenadiere, die schon fliehen wollten, zurück in den Kampf mit den Worten: „Kerls, wollt ihr ewig leben?"

Im Sommer 1789 war in Frankreich die Revolution ausgebrochen. Zu tausenden verließen die Adligen das Land. Sie wandten sich Hilfe suchend an die Regierungen der Nachbarländer, damit diese ihnen die Rückkehr ermöglichten.

Was geschah bei der Kanonade von Valmy?

Im Juni 1791 versuchte auch der französische König Ludwig XVI., mit seiner Familie zu fliehen, wurde aber von den Revolutionären eingefangen und nach Paris zurückgebracht. Daraufhin schlossen Österreich und Preußen mit den französischen *Emigranten* ein Verteidigungsbündnis. Frankreich antwortete im April 1792 mit der Kriegserklärung.

Ein rasch aufgestelltes Revolutionsheer zog nach Osten, den Verbündeten entgegen, die unter dem Befehl des Herzogs von Braunschweig anrückten. Bei Valmy in der Nähe von Châlons-sur-Marne kam es am 20. September 1792 zur Schlacht. Die Franzosen saßen in einer günstigen Stellung, sodass die Verbündeten es trotz zahlenmäßiger Überlegenheit nicht wagten anzugreifen. Ihre *Artillerie* lieferte sich den Tag über Duelle mit der französischen, und das war alles. Aber da der Herzog von Braunschweig danach den Vormarsch aufgab, bedeutete die unentschiedene Kanonade von Valmy, dass die Revolution einen glänzenden Sieg errungen hatte.

Ein Mann sah das ganz klar: Der Dichter Goethe war mit seinem Landesherrn, dem Herzog von Weimar, gegen die Revolutionäre ins Feld gezogen. Am Abend, als sich Soldaten verwirrt und verzweifelt um ihn scharten, um seine Meinung zu dem Geschehen zu erfahren, sagte er: „Von hier und heute geht eine neue Epoche der Weltgeschichte aus, und ihr könnt sagen, ihr seid dabei gewesen."

Emigranten
Auswanderer

Artillerie
schwere Geschütze

Freiheitskämpfe

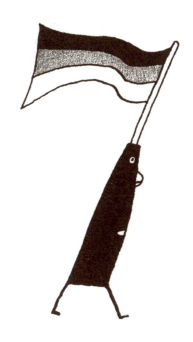

Wie endete das erste deutsche Kaiserreich?

Nach seinem Sieg im so genannten Zweiten Koalitionskrieg (1799-1802) gegen die europäischen Mächte nahm Napoleon einen Teil des Deutschen Reiches, nämlich das Gebiet links des Rheins, für Frankreich in Besitz.

Zum Ausgleich für die betroffenen Fürsten schlug er vor, Ländereien in anderen Reichsteilen bereitzustellen. Es fehlte ihm nicht an der Macht, das durchzusetzen: Ein Ausschuss des Reichstages vollzog den Umbau des Deutschen Reiches. Die geistlichen Herrschaften, Bistümer, Abteien verloren ihren Besitz, der hauptsächlich den Staaten Preußen, Bayern, Baden und Württemberg zugeschlagen wurde. Die meisten Reichsstädte mussten auf ihre Selbstständigkeit verzichten.

Mit dem Reichsdeputationshauptschluss, wie man diesen 1803 festgelegten Entschädigungsplan nannte, hatte die deutsche Kleinstaaterei ein Ende, aber von der Autorität des Kaisertums blieb auch nichts übrig.

Das wurde spätestens deutlich, als die süd- und westdeutschen Staaten am 12. Juli 1806 die Rheinbundakte unterzeichneten. Sie stellten ihre Länder damit unter Frankreichs Schutz und versprachen, für Napoleons künftige Kriege Truppen zu stellen. Den Reichsrittern wurde bei dieser Gelegenheit auch der Besitz abgenommen.

Dem damaligen Kaiser, Franz II., blieb keine andere Wahl, als die Krone niederzulegen. Das geschah am 6. August 1806. Er nannte sich fortan nur noch Kaiser von Österreich – ein Heiliges Römisches Reich Deutscher Nation, wie es im 10. Jahrhundert gegründet worden war (siehe Seite 22), gab es nicht mehr.

Freiheitskämpfe

Preußen hatte versucht, allein mit Napoleon fertig zu werden, und in der Schlacht bei Jena und Auerstedt (14. Oktober 1806) eine verheerende Niederlage bezogen. Die militärische Katastrophe setzte einen Prozess des Umdenkens in Gang.

Wie sah die „Revolution von oben" in Preußen aus?

In Preußen bekamen die Reformer die Oberhand, die den Staat gründlich modernisieren wollten. Dabei sahen sie durchaus nach Frankreich: Die Errungenschaften der Revolution waren ja nicht alle von der Hand zu weisen, nur sollte eine gewaltsame Durchsetzung der Neuerungen vermieden werden.

Was in Preußen geschah, kann man eine Revolution von oben nennen. Die Männer, die sie durchführten, etwa der Freiherr vom und zum Stein (1757–1831) oder sein Nachfolger Hardenberg (1750–1822), handelten nicht gegen die Regierung – sie waren selbst die Regierung.

Es begann 1807 mit der Befreiung der Bauern: Die Erbuntertänigkeit hörte auf, und ab 1810 gab es nur noch freie Leute in Preußen. 1808 folgte eine Städteordnung: Den Städten und Gemeinden wurde eine eigene Finanzverwaltung zugestanden, sie durften sich weitgehend selbst regieren. 1810 erfolgte die Gründung der Berliner Universität; daran schloss sich eine allgemeine Bildungsreform an. 1810/11 wurden die Zünfte aufgehoben, die zuletzt nur noch die wirtschaftliche Entwicklung aufgehalten hatten. 1812 erhielten die Juden die staatsbürgerliche Gleichstellung. Zugleich wurde das preußische Heer auf eine neue Grundlage gestellt, wobei die französische Volksarmee mit modernen Ausbildungsmethoden, Abbau ständischer Vorrechte und Verzicht auf Prügelstrafen und stumpfen Drill durchaus das Vorbild abgab.

Was wurde auf dem Wiener Kongress verhandelt?

Auf dem Wiener Kongress versuchten die Staatsmänner Europas, dem durch die napoleonischen Kriege erschütterten Kontinent eine neue Ordnung zu geben.

Nachdem Napoleon seine Herrschaft in fast ganz Europa errichtet hatte, war ein Feldzug nach Russland 1812 dann doch zu viel für ihn gewesen. Aus Moskau hatte er sich zurückziehen müssen, und in den Kämpfen, die sich daran anschlossen, den so genannten Befreiungskriegen, hatte er Niederlage auf Niederlage erfahren. Am 11. April 1814 verzichtete er auf die Kaiserkrone und ging ins *Exil* auf die Insel Elba im Mittelmeer.

Exil
Verbannung

Die Gesandten Europas trafen sich in Wien zum Kongress. Es ging um eine Neuordnung Europas, aber auch darum, die gewaltigen Leidenschaften zu dämpfen, die durch die Kriege gegen Napolcon aufgewühlt worden waren. Denn die Völker waren gegen den französischen Fremdherrscher aufgestanden, und jetzt erhofften sie sich Freiheit und Selbstbestimmung.

Davon sollte nach dem Willen der führenden Mächte auf dem Kongress möglichst wenig übrig bleiben. Ihnen ging es hauptsächlich darum, die Welt, die Napoleon durcheinander gewürfelt hatte, möglichst wiederherzustellen.

Die Zusammenkunft, die in Wien im September 1814 begann, stand unter den drei Leitgedanken Restauration, Legitimität und Solidarität. Restauration meinte die Wiedereinsetzung der von Napoleon vertriebenen Herrscherhäuser in ihre Rechte. Legitimität hieß die Gültigkeit des monarchischen Erbrechts sowie zwischenstaatlicher Verträge. Solidarität bedeutete ein enges Band zwischen den fünf Großmächten Frankreich, England, Preußen, Österreich und Russland, deren Gleichgewicht Frieden und Sicherheit garantieren sollte.

Freiheitskämpfe

Die nationalen Bewegungen, also der Wunsch kleinerer Länder nach Einheit und Selbstständigkeit, blieben auf der Strecke.

So musste Griechenland weiter unter der Herrschaft der Türken aushalten, die polnischen Teilungen wurden nicht rückgängig gemacht, und es gab kein vereintes und unabhängiges Italien. Auch Deutschland wurde eine geschlossene Staatsbildung versagt. Was die *Diplomaten* hier zu Wege brachten, war lediglich der Deutsche Bund, ein Zusammenschluss von 41 Mitgliedern mit Sitz in Frankfurt.

Die Arbeit des Kongresses wurde im Frühjahr 1815 durch Napoleon gestört, der Elba verließ und auf Paris marschierte. Es gelang ihm, ein Heer aus dem Boden zu stampfen, aber sein Schlachtenglück wollte sich nicht wieder einstellen. Bei Waterloo in Belgien wurde er am 18. Juni 1815 von Engländern und Preußen besiegt. Ein britisches Schiff brachte ihn auf die Insel St. Helena im Südatlantik, wo er 1821 starb.

Am 9. Juni 1815 wurde die Schlussakte des Wiener Kongresses unterschrieben. Die von den Diplomaten geschaffene Ordnung Europas hielt weitgehend bis zum Ersten Weltkrieg.

Diplomaten
Gesandte eines Staates

Beim Wiener Kongress bewiesen vor allem der französische Staatsmann Talleyrand (1754-1838) und der österreichische Staatskanzler Metternich (1773-1859) ihr Verhandlungsgeschick.

Der Wiener Kongress wurde am 18.09.1814 eröffnet.

Freiheitskämpfe

Warum kam es Anfang des 19. Jahrhunderts zu Studentenrevolten?

In Deutschland hatten die Ergebnisse des Wiener Kongresses die Hoffnungen auf eine freiheitliche, vereinte Nation zunichte gemacht. Stattdessen gab es den Deutschen Bund mit mehr als drei Dutzend Einzelstaaten.

Nur in Sprache und Kultur lebte die Einheit fort. Große Teile des Volkes blieben von Politik ganz unberührt, der Zeitgeist war geruhsam und beschaulich. Biedermeier nannte man die Epoche; in den Gemälden von Carl Spitzweg (1808–85) ist sie in ihrer ganzen Gemütlichkeit eingefangen.

Doch an den Universitäten gärte es weiter. Die Studenten waren begeistert in die Befreiungskriege gegen Napoleon gezogen, das Gemeinschaftserlebnis wirkte nach. Auf ihren Zusammenkünften forderten sie die Errichtung einer deutschen *Republik*. Ihre Fahne war schwarz-rot-gold – das ging auf die Farben des mittelalterlichen Kaiserreiches zurück (schwarzroter Adler auf goldenem Grund).

Republik
Staatsform, bei der die Regierung für einen bestimmten Zeitraum vom Volk gewählt wird

Bei der 300-Jahr-Feier der Reformation auf der Wartburg 1817 kam es zu einem Skandal: Die Studenten verbrannten missliebige Bücher und Zeichen der Unterdrückung wie zum Beispiel Uniformteile, einen Korporalstock oder einen Zopf. 1819 ermordete einer von ihnen den Schriftsteller August von Kotzebue, der als Spion verdächtigt wurde.

Darauf folgte eine scharfe Reaktion. Österreichs Staatskanzler Metternich setzte im Deutschen Bund 1819 die so genannten Karlsbader Beschlüsse durch, die bis 1848 in Kraft blieben. Die studentischen Verbindungen wurden verboten, die *Zensur* eingeführt. Hunderte von Schriftstellern und Wissenschaftlern verloren bei den „Demagogenverfolgungen" Arbeit und Ämter.

Zensur
Prüfung und eventuell Verbot bestimmter Meinungsäußerungen

Freiheitskämpfe

In England wurde die Dampfmaschine erfunden (1765), in England arbeitete der erste Maschinenwebstuhl (1784), in England fuhr die erste Eisenbahn (1803/04). Die Industrie machte auf der Insel rasante Fortschritte. Und in Deutschland?

Was war der Zollverein?

Auf dem Kontinent dauerte alles länger. Deutschland machte da keine Ausnahme, und die Fachleute wussten, warum: Die Zollschranken hinderten den freien Austausch von Gütern und Waren. Jeder einzelne Staat des Deutschen Bundes bestand darauf, ein eigenes Wirtschaftsgebiet zu verwalten, und jeder Landesherr glaubte, die heimische Wirtschaft am besten dadurch zu schützen, dass er Zölle auf jedes Produkt erhob, das ein-, aus- oder durchgeführt wurde.

Eine Industrie konnte sich so nicht entwickeln, denn die war darauf angewiesen, ihre Erzeugnisse massenhaft und überall zu verkaufen, nicht bloß im eigenen kleinen Land. So hätten die Bergwerkbesitzer im Ruhrgebiet liebend gern Kohle im großen Stil gefördert. Doch das lohnte sich nicht, solange sie auf dem Weg zum Kunden mehrmals verzollt werden musste, was die Kosten immer weiter in die Höhe trieb.

Seit 1819 gab es einen „Deutschen Handels- und Gewerbeverein", der sich für die Aufhebung der Zölle innerhalb Deutschlands einsetzte. 1834 gründeten 18 Staaten, unter anderen auch Preußen, den Deutschen Zollverein. Durch die wirtschaftliche Einigung wurde ein wichtiger Schritt auf dem Weg zur deutschen Einheit getan.

Welche Ziele hatte die Revolution von 1848?

Große Hoffnungen begleiteten die Männer, die sich 1848 zum ersten deutschen Parlament in Frankfurt versammelten. Doch äußere Widerstände und innere Schwächen ließen das Experiment scheitern.

Patriotismus
(oftmals unkritische)
Vaterlandsliebe

Frankreich gab das Vorbild: Im Juli 1830 warfen die Pariser den König Karl X. hinaus, der das Parlament entmachten und die Presse knebeln wollte. Knapp zwei Jahre später, im Mai 1832, legten in Deutschland 30 000 *Patrioten* beim Hambacher Fest unter schwarz-rot-goldenen Fahnen ein Bekenntnis zur Republik ab. Im Februar 1848 beendeten die Franzosen in dreitägigen Straßenkämpfen die Herrschaft des so genannten Bürgerkönigs Louis Philippe, der Mittelstand und Arbeiterschaft von jeder Mitwirkung in seinem Staat ausgeschlossen hatte. Einen Monat später brach auch in Deutschland die Revolution aus.

Von der Wucht der Demonstrationen und Aufmärsche beeindruckt, wichen die Fürsten fast überall widerstandslos zurück, erließen *Verfassungen* (siehe Seite 32) und versprachen Reformen. In Frankfurt bildete sich ein Vorparlament und bereitete Wahlen vor. In Österreich verlor am 13. März der Staatskanzler Metternich sein Amt, die Symbolfigur des alten Systems, in München trat König Ludwig I. von Bayern zurück. In Berlin schoss nervöses Militär in eine friedliche Menge. Bei der öffentlichen Aufbahrung der Toten, der „Märzgefallenen", musste Preußens König Friedrich Wilhelm IV. sich seinen Bürgern mit entblößtem Haupt präsentieren, um ihnen so seinen Respekt zu erweisen.

Am 18. Mai 1848 zogen 586 Abgeordnete aus den deutschen Staaten in die Frankfurter Paulskirche ein, die das Tagungshaus der deutschen Nationalversammlung wurde. Das Parlament be-

Freiheitskämpfe

stand durchweg aus Bürgern, wobei die *Akademiker* überwogen. Bauern und Arbeiter fehlten, ebenso Frauen. Der Sommer verging über der Beratung einer einheitlichen deutschen Verfassung. Schließlich wurde ein Katalog festgelegt, der allen späteren deutschen Verfassungen zur Grundlage diente. Dazu gehörten: Gleichheit vor dem Gesetz, Abschaffung erblicher Vorrechte, Freiheit der Person, Briefgeheimnis, Unverletzlichkeit der Wohnung, Meinungs-, Glaubens- und Gewissensfreiheit, Recht auf Bildung, Freiheit der Wissenschaft.

Akademiker
jemand, der eine abgeschlossene Universitätsausbildung hat

Die Nationalversammlung besaß jedoch keine Macht.

Und während sie noch beriet, kamen die alten Mächte wieder zu Kräften. Dazu tauchten innere und äußere Probleme auf, die das Einigungswerk erschwerten. Welche Staatsform sollte Deutschland haben, Monarchie oder Republik? Die Grenzen des Reiches waren strittig: Eine kleindeutsche Lösung (ohne Österreich) stand gegen eine großdeutsche (mit Österreich). Schleswig-Holstein versuchte, die dänische Oberhoheit abzuschütteln und selbstständig zu werden, aber da Russland, England und Frankreich an Dänemarks Seite traten, brach der Aufstand zusammen. Bei den Patrioten galten die Abgeordneten der Paulskirche danach als Verräter. Es kam so weit, dass die Versammlung militärischen Schutz gegen ihre radikalen Gegner anfordern musste.

Im Herbst 1848 schlugen die Fürsten zurück. Österreichische Truppen zwangen Italien und Ungarn wieder in den Staatsverband der Donaumonarchie zurück und räumten auch in Wien mit den Revolutionären auf. Preußens König zwang seinem Land eine Verfassung auf, die keine Ähnlichkeit mit dem Werk der Paulskirche hatte. Und als ihm im April 1849 die Kaiserkrone angetragen wurde, lehnte er sie ab, weil der „Ludergeruch der Revolution" dranhing. Die Nationalversammlung löste sich auf. Letzte Volksaufstände wurden im Sommer 1849 blutig erstickt.

Das Scheitern der Revolution hatte weit reichende Folgen. Das Bürgertum zog sich aus der Politik zurück. Die kaum entstandenen demokratischen Traditionen wurden wieder verschüttet.

Wie schaffte es Bismarck, am preußischen Parlament vorbeizuregieren?

Preußen strebte die Vorherrschaft in Deutschland an. Doch der preußische Landtag verweigerte die dafür benötigte Vergrößerung des Heeres. Zwei Ministerpräsidenten waren daran schon gescheitert.

Da erbot sich der 47-jährige Otto von Bismarck, Gesandter in Paris, den Posten des Ministerpräsidenten zu übernehmen. In seiner ersten Rede vor dem Landtag verkündete er seine Überzeugung: Nicht durch Mehrheitsbeschlüsse, sondern durch „Blut und Eisen" (also durch Kriege) würden die Fragen der Zeit entschieden – dann vertagte er das Parlament. Sein König glaubte, das werde ihn und Bismarck den Kopf kosten. Doch der Widerstand blieb aus. Drei Jahre lang regierte Bismarck ohne gesetzliche Grundlage. In dieser Zeit wurde das preußische Heer zu einer modernen Armee umgebaut.

Eine Gelegenheit, das Heer einzusetzen, gab es bald: Die schleswig-holsteinische Frage lag wieder auf dem Tisch: Dänemark wollte den nördlichen Teil des Landes endgültig an sich bringen. 1864 wurde deswegen Krieg geführt – zwar noch im Namen des Deutschen Bundes, aber es war klar zu sehen, dass Preußen die Hauptlast trug. Der Sieg über Dänemark war dann auch *sein* Sieg. Als Nächstes zerstritten sich Preußen und Österreich über die Verwaltung Schleswig-Holsteins. Wieder brach ein Krieg aus, diesmal zwischen Preußen und Österreich, dem sich verschiedene deutsche Staaten angeschlossen hatten. Die preußischen Truppen siegten bei Königgrätz (3. Juli 1866).

Damit war das Ende des Deutschen Bundes gekommen. An seine Stelle setzte Bismarck 1867 den Norddeutschen Bund, der alle Staaten nördlich des Mains umfasste – ein Meilenstein auf dem Weg zur deutschen Einheit.

Freiheitskämpfe

Im 19. Jahrhundert reichten Kleinigkeiten, um einen Krieg auszulösen. Der Waffengang zwischen Deutschland und Frankreich 1870/71 begann wegen einer diplomatischen Ungeschicklichkeit.

Was war die Emser Depesche?

„Blut und Eisen" waren nach Bismarcks Vorstellung die Mittel, mit denen sich Deutschlands Einheit am schnellsten herstellen ließ. Im Sommer 1870 bekam er die Gelegenheit, einen Krieg zu führen, der ihn endgültig ans Ziel brachte: den Krieg gegen Frankreich, in dem sich ganz Deutschland hinter Preußen scharte. Wie er ausbrach, ist heute kaum begreiflich.

Frankreichs Kaiser Napoleon III., ein Neffe des berühmten Napoleon Bonaparte, musste seinem Land ständig außenpolitische Erfolge präsentieren, um von seiner schlechten Innenpolitik abzulenken. In Spanien sollte ein Mitglied des preußischen Hohenzollernhauses zum König erhoben werden. Frankreich protestierte dagegen. Der preußische König Wilhelm I. gab nach und empfahl als Chef des Hauses Hohenzollern seinem Verwandten, die spanische Krone abzulehnen. Das reichte Kaiser Napoleon nicht. Er schickte einen Gesandten nach Bad Ems, wo sich der Preußenkönig zur Kur aufhielt. Der Gesandte fing Wilhelm I. am 13. Juli 1870 auf der Kurpromenade ab und bat um eine schriftliche Verzichtserklärung. Die bekam er jedoch nicht. Der König sandte über den Vorgang ein Telegramm nach Berlin, dem Bismarck dann eine etwas schärfere Fassung gab, sodass es aussah, als sei der Gesandte dem König lästig geworden.

Als offizieller Bericht veröffentlicht, tat die Emser Depesche ihre Wirkung. Frankreich, das die diplomatische Niederlage nicht hinnehmen wollte, erklärte am 19. Juli den Krieg.

Im deutsch-französischen Krieg kamen 180 000 Menschen ums Leben.

63 | Freiheitskämpfe

Warum wurde Wilhelm I. in Versailles zum Kaiser gemacht?

Die Reichsgründung vollzog sich während des Krieges, im Feindesland. Während die deutschen Armeen im Krieg von 1870/71 unaufhaltsam vorrückten, schritt auch Bismarcks politisches Einigungswerk voran.

Als Paris eingeschlossen war und das Kriegsende in Aussicht, war der Zeitpunkt gekommen, das neue Deutsche Reich aus der Taufe zu heben: Im Spiegelsaal des Schlosses von Versailles feierte am 18. Januar 1871 eine glanzvolle Versammlung von Militärs und Fürsten den 73-jährigen preußischen König Wilhelm I. als deutschen Kaiser.

Den Ort hätte man allerdings nicht unpassender wählen können. Versailles, der Prunkbau Ludwigs XIV., war ein nationales Heiligtum für die Franzosen – dass deutsche Soldatenstiefel über sein edles Parkett knarrten, vergaß man in Frankreich ebenso wenig wie die einige Monate später erzwungene Abtretung von Elsass-Lothringen. Zwar hatte Deutschland aus früheren Kriegen noch einige Rechnungen mit Frankreich offen, die jetzt beglichen wurden, aber die Demütigung von 1871 setzte die „Erbfeindschaft" zwischen Frankreich und Deutschland nur fort – bis zum nächsten Krieg.

Das neue Reich war ein Bundesstaat, ein unauflöslicher Verein von 22 Monarchien und drei Freien Städten. An der Spitze des Bundes stand der König von Preußen. Er hatte das Recht, Bündnisse einzugehen und Krieg zu führen. Er ernannte den Reichskanzler, der nur ihm verantwortlich war. Im Bundesrat saßen Vertreter der Länderregierungen; hier wurden Reichsgesetze bewilligt. Die Volksvertretung, der Reichstag, hatte weniger Macht. Ihm standen nur Mitwirkungsrechte zu.

Die Reichsverfassung blieb weit hinter den demokratischen Idealen von 1848 zurück.

Freiheitskämpfe

Die Weltkriege

Was war das Sozialistengesetz?

Der neue Staat hatte seine Stützen nur im Adel und im Bürgertum. Weil die herrschenden Kreise in Deutschland Angst hatten, die Arbeiter würden mit Gewalt den Sturz der neuen Ordnung herbeiführen, blieben diese außen vor.

Eine Frucht dieser Angst war das Sozialistengesetz von 1878. Es wurde erlassen, nachdem es zwei Attentate auf den Kaiser gegeben hatte. Die Täter waren allerdings gar keine Sozialisten gewesen.

Das „Gesetz wider die gemeingefährlichen Bestrebungen der Sozialdemokratie" gab den Behörden die Möglichkeit, Vereine mit *sozialdemokratischer* Ausrichtung zu verbieten, Schriften zu beschlagnahmen, Versammlungen, Demonstrationen, ja sogar Festveranstaltungen von *sozialistischen* Gruppen aufzulösen. Sie konnten den Verantwortlichen dieser Gruppen vorschreiben, wo diese sich aufzuhalten hatten, und über besonders betroffene Bezirke den so genannten kleinen Belagerungszustand verhängen. Das Gesetz wurde mehrmals verlängert und erst 1890 fallen gelassen. Sein Ziel, die sozialistischen Organisationen zu zerschlagen, verfehlte es völlig.

Aber es entfremdete die Arbeiter dem Staat und belastete das politische Leben in Deutschland für lange Zeit. Da half es auch nicht, dass in den 1880er-Jahren eine vorbildliche Sozialgesetzgebung für die Arbeiter geschaffen wurde (Krankenversicherung 1883, Unfallversicherung 1884, Invaliditäts- und Altersversicherung 1889). Der Riss blieb, und die Regierenden taten auch nichts, um das Verhältnis zu verbessern. Noch 1905 träumte Kaiser Wilhelm II. davon, mit der Sozialdemokratie aufzuräumen, „notfalls per Blutbad".

Sozialdemokratie politische Richtung, die eine Verbindung zwischen Demokratie (Volksherrschaft durch Wahlen) und Sozialismus anstrebt

Sozialismus politische Richtung, die eine gerechte Aufteilung aller Güter anstrebt, sodass der Unterschied zwischen Reichtum und Armut aufgehoben wird.

Bismarck war daran gewöhnt, als Kanzler die Richtlinien der Politik zu bestimmen und seinen Königen und Kaisern gegenüber letztlich immer Recht zu behalten. Aber es sollte einer kommen, mit dem das nicht funktionierte.

Wie kam Bismarcks politisches Ende?

Bismarck hatte die Verfassung des Deutschen Reiches auf sich und sein gutes Verhältnis zu Kaiser Wilhelm I. zugeschnitten. Der Monarch hatte eine bedeutende Machtfülle, aber er machte keinen Gebrauch davon: Er tat, was der Kanzler sagte, und wenn nicht, drohte Bismarck mit seinem Rücktritt. Aber Wilhelm I. starb 1888, und noch im gleichen Jahr starb auch sein Sohn Friedrich III. Der Enkel Wilhelm II., 29 Jahre alt, bestieg den Thron, und für Bismarck brachen schwere Zeiten an. Der junge Mann dachte über viele Dinge anders als sein Kanzler und wollte sich auch nicht mit *repräsentativen* Aufgaben begnügen. Ihm stand der Sinn vielmehr danach, selbst zu regieren, und die Verfassung, die Bismarck geschaffen hatte, erlaubte es ihm.

repräsentieren etwas vertreten (ein König vertritt z. B. sein Volk nach außen hin)

Wilhelm II., dessen linker Arm verkrüppelt war, überspielte seinen körperlichen Makel mit lautem Gehabe, mit forschen Reden und Kraftmeiereien aller Art. Er wollte Deutschland zur Weltmacht führen, und auf dem Weg dahin trat er (auch außenpolitisch) in manches Fettnäpfchen. Mit Bismarck geriet er bald über Kreuz – am 20. März 1890 nahm der Alte seinen Abschied.

Das Jahr 1888 nennt man auch das Dreikaiserjahr.

Eine englische Karikatur von damals porträtiert Bismarck, wie er eine Schiffsleiter hinuntersteigt. Der Kaiser lehnt an der Reling und feixt hinter ihm her. „Der Lotse geht von Bord" ist die Zeichnung betitelt. Das deutsche Staatsschiff würde mit dem leichtsinnigen, großsprecherischen Monarchen am Steuer in unruhige Gewässer kommen, so viel war klar.

Die Weltkriege

Warum wurde unter Wilhelm II. die Flotte aufgerüstet?

Der „Platz an der Sonne" war das geflügelte Wort der wilhelminischen Zeit. Unter Kaiser Wilhelm II. (1888-1918) wurden die letzten freien Gebiete in Afrika, in Ostasien und im Pazifik zu deutschen Kolonien gemacht.

Deutschland war spät dran, es musste nehmen, was Engländer, Franzosen, Spanier und Niederländer übrig gelassen hatten.

Zur Sicherung der fernen Außenposten, aber auch zur Demonstration der deutschen Weltgeltung glaubte man, eine starke Flotte nötig zu haben. Nach 1898 verließen jährlich immer kampfkräftigere Kriegsschiffe die deutschen Werften. Nicht lange, und das Reich besaß nach England die zweitstärkste Flotte Europas, eine „schimmernde Wehr", wie der Kaiser seine Schiffe nannte.

Der Blick der deutschen Marinestrategen richtete sich dabei ganz deutlich auf das britische Inselreich. Man wollte so viele Schiffe haben, dass es für England ein zu großes Risiko wäre, die deutsche Flotte anzugreifen. Und man glaubte, dass sich England in dieser Lage um Deutschlands Freundschaft bemühen würde.

Das Gegenteil passierte: England vergrößerte seine Flotte auch immer weiter, und ein kostspieliges Wettrüsten setzte ein. Schlimmer noch: England gab seinen lange gepflegten Alleingang auf und suchte sich in Europa Bundesgenossen, um das unruhige Deutschland in Schach zu halten. Es fand sie in Franzosen und Russen. Die „Einkreisung" Deutschlands, das Schreckgespenst der deutschen Politik, nahm Formen an.

Im Sommer 1914, am 28. Juni, wurde der österreichische Thronfolger Franz Ferdinand mit seiner Gemahlin Sophie bei einem Besuch der bosnischen Hauptstadt Sarajewo von einem bosnischen Studenten erschossen.

Was waren die Hintergründe für das Attentat von Sarajewo?

Für die österreichische Regierung war sofort klar, dass hinter dem Anschlag Kräfte aus Serbien steckten, dem alten Gegner der österreichischen *Balkan*herrschaft.

Balkan
östlichste Halbinsel Südeuropas

Die Donaumonarchie verlangte von Serbien scharfe Maßnahmen in einer Form, wie sie von keinem Staat zu erfüllen waren. Die Drohungen gegen Serbien riefen Russland auf den Plan, das sich als Schutzmacht der Serben fühlte. Die Bündnisse, die in den Jahren zuvor geschlossen worden waren, hatten eine fatale Auswirkung auf den Gang der Dinge: Durch sie wurden immer mehr Staaten in den Konflikt gezogen. Russland war mit Frankreich militärisch verbündet, Frankreich wiederum mit England. Den Österreichern trat das Deutsche Reich zur Seite – es trieb sie sogar noch an, rasch und hart gegen Serbien vorzugehen. Und überall lagen die Militärs ihren Regierungen in den Ohren: Wenn wir sofort angreifen, haben wir noch eine Chance! Man war davon überzeugt, dass der Krieg sowieso komme. Im Vorteil sei, wer als Erster losschlage.

Deutschland hatte sich auf einen möglichen Krieg gründlich vorbereitet: Es besaß einen vermeintlich todsicheren Plan, wie man nacheinander mit Frankreich und Russland fertig werden könnte. Gemäß diesem Plan marschierten die Truppen nach der Kriegserklärung am 1. August 1914 los.

Wie begann der Erste Weltkrieg?

Die Soldaten zogen 1914 in den Krieg, als wäre es ein fröhlicher Betriebsausflug. Unter den Helmen schauten junge, lachende Gesichter hervor. In den Gewehrläufen steckten Blumen. Frauen warfen Kusshände.

Auf die Eisenbahnwaggons waren Sprüche gemalt wie „Nach Paris!" oder „Auf in den Kampf, mir juckt die Säbelspitze". Der Krieg würde ein lustiges Abenteuer werden, und er würde nicht lange dauern, so glaubte man. Hunderttausende meldeten sich freiwillig zu den Fahnen, und das war nicht nur in Deutschland so, sondern auch in Frankreich oder England.

Aber der Krieg verlief ganz anders, als es sich die Menschen vorgestellt hatten.

In den Kämpfen an der Somme kamen 1914-1916 1,2 Millionen Menschen ums Leben. Bei Verdun starben zwischen Februar und Dezember 1916 mehr als 700 000.

Der deutsche Angriff, der in einem Schwung bis in die französische Hauptstadt führen sollte, blieb an der Marne stecken. Die Heere krallten sich in den Boden ein, Drahtverhaue und Schützengräben wurden zum Symbol einer Kriegführung, die nicht vorankam. Und wo noch ein Durchbruch versucht wurde, gab es ungeheuerliche Opferzahlen.

Die Völker warfen ihre gesamte Wirtschaftskraft in die Waagschale. Es kam nicht mehr auf Tapferkeit oder geniale Führung an, sondern auf Masse: Wer bringt die meisten Waffen und die meiste Munition auf die Schlachtfelder? Gewaltige Rüstungsprogramme wurden aufgelegt, die nur zu erfüllen waren, indem alle verfügbaren Arbeitskräfte mobilisiert und alle Finanzreserven eingesetzt wurden. Die Front war nun auch zu Hause, die Menschen erlebten Einschränkungen, Hunger und Not.

Die Weltkriege

Während sich der Krieg an der Westfront festfraß, wurden immer mehr Nationen in den Konflikt hineingezogen. Ursprünglich standen ja nur die so genannten Mittelmächte Deutschland und Österreich gemeinsam gegen die *Entente*, das heißt England, Frankreich und Russland. Die Kampfgebiete lagen in Belgien, Nord- und Ostfrankreich, in Ostpreußen, Polen, Galizien, Ungarn und Serbien. Im November 1914 trat das Osmanische Reich an die Seite der Mittelmächte. Auf einmal wurde vor den Toren von Istanbul, in Palästina und im heutigen Irak gekämpft. Im Mai 1915 griff Italien aufseiten der Entente ein und eröffnete einen Kriegsschauplatz in den Alpen. Bulgarien meldete sich als Bundesgenosse der Mittelmächte, Rumänien als Parteigänger der Entente. In den deutschen Kolonien in Afrika wurde gekämpft, und Kreuzer trugen den Krieg bis in den Südatlantik und den Pazifik. Ab 1917 hagelte es Kriegserklärungen aus aller Welt an Deutschland und Österreich.

Entscheidend aber wurde der Kriegseintritt der Vereinigten Staaten (April 1917). Er wog sogar auf, dass sich Russland nach der Revolution vom November 1917 aus dem Krieg gegen Deutschland verabschiedete. Die deutsche Front im Westen kam ins Wanken und musste zurückgenommen werden. Aber es dauerte noch bis zum 11. November 1918, bis Waffenruhe eintrat.

Entente französisch für Bündnis

Abfahrt deutscher Truppen mit dem Zug nach Frankreich im August 1914

Die Weltkriege

Was geschah nach dem Ersten Weltkrieg?

Mit dem militärischen Zusammenbruch des deutschen Kaiserreiches kam auch der politische. Das Volk, das den Krieg satt hatte, fegte die alten Gewalten weg. Es hatte nur keine klaren Vorstellungen, was an ihre Stelle zu setzen wäre.

Am 9. November 1918 rief der Sozialdemokrat Philipp Scheidemann von einem Fenster des Reichstagsgebäudes die Republik aus. Er kam damit einem Aufruf des Sozialisten Karl Liebknecht zuvor, der zwei Stunden später vom Berliner Schloss aus die Errichtung einer Räterepublik nach sowjetischem Vorbild forderte. Kaiser Wilhelm II. dankte ab und ging ins Exil nach Holland.

Die merkwürdige Doppelausrufung der Republik in Berlin beleuchtete einen tragischen Konflikt innerhalb der Revolution. Die Sozialdemokratie, bei den Wahlen vor dem Krieg längst stärkste Partei, sollte und musste die Führung bei der Neugestaltung Deutschlands haben. Entsprechend wurde ihr Vorsitzender Friedrich Ebert (1871–1925) vom letzten Reichskanzler des Kaiserreiches, Prinz Max von Baden, mit der Übernahme der Regierung betraut. Aber die Sozialdemokratie war gespalten. Neben der Mehrheit, die in den gewohnten Bahnen des Parlamentarismus bleiben wollte, gab es eine Minderheit, den so genannten Spartakusbund unter Führung von Liebknecht und Rosa Luxemburg, die den revolutionären Kampf fortsetzen wollte.

Als die Spartakisten im Januar 1919 zu Massenaktionen gegen die neue Regierung aufriefen, ließ diese den Aufstand von Freiwilligenverbänden niederschlagen. Karl Liebknecht und Rosa Luxemburg wurden festgenommen und ermordet.

Die Weltkriege

Nach dem Verschwinden des Kaisers und seiner Beamten im November 1918 hatte ein „Rat der Volksbeauftragten" unter Vorsitz von Friedrich Ebert (SPD) die Macht übernommen. Aber diese Regierung war nur vorläufig.

Wie kam es zur Weimarer Republik?

Es galt, für die Republik einen festen Staatsaufbau zu schaffen – in einer Situation, die dafür nicht gerade günstig war: Der Krieg war verloren, die Armeen in Auflösung und die Wirtschaft am Boden. Außerdem gab es auch Feinde im Innern: Manchen war die Revolution nicht weit genug gegangen, anderen wäre es lieber gewesen, wenn sie gar nicht angefangen hätte.

Am 19. Januar 1919 wurde die Nationalversammlung gewählt, die eine Verfassung für das Deutsche Reich schaffen sollte. Bei der Wahl durften sich erstmals auch Frauen beteiligen. Unter Führung der SPD erhielten die Parteien, die eine parlamentarische Demokratie errichten wollten, eine solide Zwei-Drittel-Mehrheit. Die Nationalversammlung trat in Weimar zusammen. Das hatte seinen Grund zum einen darin, dass in Berlin noch immer ein Umsturz von links drohte. Zum anderen wollte man aber auch ein Zeichen setzen: Weimar, die Stadt Goethes und Schillers, würde den Volkscharakter des neuen Staatswesens besser unterstreichen als Berlin, in dem der Militarismus des Kaiserreiches sozusagen noch an jeder Straßenecke gegenwärtig war.

Die Nationalversammlung wählte am 11. Februar Ebert zum Reichspräsidenten, sein Parteigenosse Scheidemann wurde Regierungschef. In langen Beratungen wurde eine Verfassung ausgearbeitet, dann mit überwältigender Mehrheit angenommen und am 14. August 1919 in Kraft gesetzt.

Die Verfassung der Weimarer Republik stellte in Artikel 1 unmissverständlich klar: „Das Deutsche Reich ist eine Republik. Die Staatsgewalt geht vom Volke aus."

Welche Forderungen enthielt der Vertrag von Versailles?

Den Gesandten, die den Waffenstillstand im November 1918 abgeschlossen hatten, war von den Siegermächten kein Spielraum gewährt worden – mit dem Ergebnis, dass die Unterzeichner in der Heimat „Novemberverbrecher" hießen.

Die Friedensverhandlungen, die in Versailles geführt wurden, ohne dass Deutschland daran beteiligt war, fielen nicht besser aus.

Frankreich hatte sich durchgesetzt. Es hatte die Hauptlast des Krieges getragen, und sein Ministerpräsident Georges Clemenceau, genannt der „Tiger", kannte nur ein Ziel: Sicherheit. Deutschland sollte Frankreich nie wieder bedrohen können. Der Vertrag sah vor: Die Militärmacht des Deutschen Reichs wurde auf ein 100 000-Mann-Heer beschränkt. Schwere Waffen und Flugzeuge waren verboten. Die Kriegsflotte musste ausgeliefert werden. Im Rheinland, also an der Grenze zu Frankreich, wurde eine entmilitarisierte Zone geschaffen. Große Teile des Reichsgebietes, unter anderem Elsass-Lothringen, Westpreußen und Posen, gingen verloren, ebenso die deutschen Kolonien. Als Verlierer hatte Deutschland die Kosten des Krieges zu tragen. Begründet wurde dies mit der Alleinschuld der Deutschen am Ausbruch des Kriegs. Vor allem diese in Deutschland als „Kriegsschuldlüge" empfundene Feststellung des Vertrages führte im Reich zu leidenschaftlicher Empörung.

Mit der Drohung, die Kriegshandlungen wieder aufzunehmen, erzwangen die Sieger im Juni 1919 die Annahme der Friedensbedingungen durch die Reichsregierung. Für den jungen deutschen Staat sollte der Vertrag gefährlich werden, denn der Kampf gegen den „Schandvertrag" wurde zu einem Hauptargument der Feinde der Republik.

Die Weltkriege

Eine der vielen Bestimmungen des Versailler Vertrages lautete, dass Deutschland seine Militärmacht zu verkleinern habe. Die Regierung beschloss deswegen die Auflösung der Freiwilligenverbände. Diese waren sowieso zur Plage geworden.

Was verbirgt sich hinter dem Kapp-Putsch?

Söldnertypen, die sich im normalen Leben nicht zurechtfanden, hatten hier ihre Heimat gefunden. Sie waren ursprünglich angeworben worden, um *kommunistische* Aufstände niederzuschlagen oder die Grenzen im Osten zu sichern. Aber sie träumten längst davon, ihre Auftraggeber fortzujagen und die militärische Herrlichkeit des Kaiserreichs wiederherzustellen.

Eines der gefährlichsten dieser so genannten Freikorps war die Brigade Ehrhardt. Als sie im März 1920 aufgelöst werden sollte, verabredete ihr Führer, der Marineoffizier Hermann Ehrhardt (1881–1971) mit dem Befehlshaber des Reichswehrkommandos Berlin, General Lüttwitz, einen Staatsstreich. Der *konservative* Politiker Wolfgang Kapp (1858–1922) sollte neuer Regierungschef werden. Am 13. März marschierte die Brigade Ehrhardt in Berlin ein. Die Regierung wich nach Stuttgart aus und organisierte von dort den Widerstand. Ein Streik der Gewerkschaften legte das öffentliche Leben lahm, und auch die Beamtenschaft weigerte sich, die Anordnungen der Putschisten zu befolgen. Da auch von der Reichswehr keine Unterstützung kam, brach der Putsch nach wenigen Tagen zusammen.

Kapp starb in der Untersuchungshaft. Von seinen Helfern erhielt nur der als Innenminister vorgesehene Berliner Polizeipräsident von Jagow eine Strafe. Den Übrigen geschah nichts – ein Zeichen dafür, wie vorsichtig die Republik mit ihren erklärten Feinden umging.

Kommunismus politische Richtung, die eine zentral gelenkte Wirtschaftsordnung fordert. Die Produktionsmittel (Fabriken) gehören nicht Privatleuten, sondern dem Staat. Soziale Gegensätze sollen dadurch aufgehoben werden.

konservativ (bewahrend, am Althergebrachten festhaltend) politische Richtung, die bestrebt ist, die alte Ordnung zu erhalten

Die Weltkriege

Warum wurde Walter Rathenau ermordet?

Der politische Mord war alltäglich in den ersten Jahren der Weimarer Republik. Es traf demokratische Politiker, die Täter kamen aus dem Lager der Radikalkonservativen. Sie bekämpften die Republik.

Mit rechts bezeichnet man die eher konservativen Parteien, **mit links** die Sozialdemokraten und Sozialisten.

„Schlagt tot den Walther Rathenau, die gottverdammte Judensau", brüllten die *Rechts*radikalen auf den Straßen. Rathenau war Außenminister, und er war Jude. Er hatte im Ersten Weltkrieg die Rohstoffwirtschaft neu organisiert und damit Entscheidendes für die Rüstung des Reiches und den Fortgang des Krieges getan, aber das war den Hetzern gleich. Rathenau stand für die „Erfüllungspolitik", die den Siegermächten gab, was sie vom Reich verlangten, und gleichzeitig durch zähes und geduldiges Verhandeln versuchte, die gigantischen Forderungen zu verringern.

Am 24. Juni 1922 wurde Rathenau, in einem offenen Auto unterwegs in sein Ministerium, von einem anderen Wagen überholt, dessen Insassen das Feuer auf ihn eröffneten und eine Handgranate warfen. Von fünf Schüssen getroffen, brach er zusammen. Die Mörder, ehemalige Offiziere, gehörten einem Geheimbund namens „Organisation Consul" an, der es sich zur Aufgabe gemacht hatte, vermeintliche Verräter an der „nationalen Sache" zur Strecke zu bringen. Anschläge gegen Juden, Sozialdemokraten und andere konnten mit der Sympathie der Rechten und Teilen des Bürgertums rechnen, die Täter mit einer milden Behandlung durch eine parteiische Justiz.

Walther Rathenau war nicht das einzige Opfer. Über dreihundert politische Morde wurden in den Jahren 1918-23 an Republikanern und links stehenden Persönlichkeiten begangen.

Immerhin, nach Rathenaus Tod wurde ein Gesetz zum Schutz der Republik erlassen. Auf dessen Grundlage konnten Handlungen, die den Staat und die Republik gefährdeten, verfolgt werden. An den hasserfüllten Aktionen von rechts konnte dieses Gesetz aber nichts ändern.

Die Weltkriege

Auf dem Geldschein steht eine riesige Summe: 20 000 Mark. Was erhält man dafür? Ein Pfund Kaffee. Aber morgen wird dieselbe Menge Kaffee schon 40 000 Mark kosten. Und nächste Woche eine Million.

Was waren die Ursachen der Inflation?

1922/23 lernten die Menschen mit Tausenden, mit Millionen und Milliarden zu hantieren. Aber das war kein Jux, das war bitterer Ernst. Es war die Inflation. Die Reichsbank wusste keine andere Abhilfe für die Finanznot des Reiches, als immer größere Mengen Geld zu drucken. Dadurch, dass immer mehr Geld im Umlauf war, verlor es mit der Zeit aber auch an Wert.

Es gab eine Reihe von Ursachen für die schlechte Finanzlage Deutschlands: Der Krieg war mit Krediten finanziert worden, die zurückgezahlt werden mussten. Für die entlassenen Soldaten, für Arbeitslose und Flüchtlinge waren hohe Unterhaltssummen aufzubringen. Die Siegermächte verlangten Erstattung ihrer Kriegskosten. Deutsches Geld floss dadurch ins Ausland. Dann kam der Ruhrkampf: Frankreich und Belgien besetzten das Ruhrgebiet, um ihre Forderungen durchzusetzen. Die Reichsregierung rief dagegen zum Widerstand auf, mit der Folge, dass das Wirtschaftsleben ruhte und die Staatsausgaben weiter stiegen.

Der Spuk wurde im Herbst 1923 beendet. Eine neue Währung, die Rentenmark, löste die Papiermark ab. Der Umtausch erfolgte zu einem Verhältnis von 1: 4,2 Billionen, das heißt, für 4,2 Billionen Mark bekam man nach der Umstellung nur noch eine Rentenmark! Die Sparguthaben zahlloser Menschen lösten sich damit in Luft auf. Die Verarmung traf vor allem den Mittelstand, der anfällig für die Parolen der Rechtsradikalen wurde.

Was geschah beim Hitler-Putsch in München?

Bisher kannte ihn außerhalb Bayerns kaum jemand. Im November 1923 sah Adolf Hitler aber den Moment gekommen, die Regierung in Berlin herauszufordern. Eine Versammlung im Münchener Bürgerbräukeller nutzte er, um zum Sturz der Regierung aufzurufen.

Adolf Hitler (1889–1945), österreichischer Zöllnerssohn und bayerischer Frontsoldat im Ersten Weltkrieg, hatte mit großem Geschick in seiner Nationalsozialistischen Deutschen Arbeiterpartei (NSDAP) ein Sammelbecken für verarmte Kleinbürger, Feinde der Republik und Sympathisanten der Rechten geschaffen. Bayern, das der in Berlin gemachten Politik misstrauisch gegenüberstand, war der ideale Ort für ihn.

Hitler genügte es aber nicht, von den herrschenden Kreisen in Bayern geduldet und unter der Hand gefördert zu werden. Als er meinte, die Situation sei günstig, ging er aufs Ganze. Bei einer Versammlung im Münchener Bürgerbräukeller am 8. November 1923 rief er zum Marsch nach Berlin und zum Sturz der „Regierung der Novemberverbrecher" auf. Durch Überrumpelung gelang es ihm, hohe bayerische Beamte in seinen Putsch hineinzuziehen. Kaum dass diese ihre Handlungsfreiheit wieder hatten, ließen sie Hitler aber im Stich. Um seinen Staatsstreich noch irgendwie zu retten, marschierte Hitler am 9. November mit seinen Anhängern zum Kriegsministerium, wo sich seine Parteifreunde verschanzt hatten. An der Feldherrnhalle wurde der Zug von der Landespolizei aufgehalten. Im darauf folgenden Feuergefecht kamen drei Polizisten und 16 Hitler-Leute ums Leben. Der Parteiführer wurde kurze Zeit später verhaftet.

Die Weltkriege

Mitte der 1920er-Jahre erkannten die Siegermächte des Ersten Weltkrieges, dass es keinen Sinn hatte, Deutschland ewig als Feind zu behandeln. Man wollte stattdessen eine europäische Friedensordnung schaffen, in der auch das Deutsche Reich seinen Platz hatte.

Was wurde auf der Konferenz von Locarno beschlossen?

Auf einer Konferenz im italienischen Locarno am Lago Maggiore wurden dafür im Oktober 1925 die notwendigen Voraussetzungen geschaffen. Deutschland erkannte dabei die im Versailler Vertrag festgelegte Westgrenze an, was den Verzicht auf das Gebiet Elsass-Lothringen bedeutete. Großbritannien und Italien erklärten sich bereit, für die Unverletzlichkeit der Grenzen zwischen Deutschland auf der einen und Frankreich und Belgien auf der anderen Seite zu garantieren. Die ehemaligen Kriegsparteien vereinbarten, eventuelle Streitigkeiten friedlich beizulegen. Dadurch wurde dem französischen Sicherheitsbedürfnis Rechnung getragen. Gleichzeitig bedeutete es aber auch, dass Frankreich keine Versuche mehr machte, das von ihm besetzte Rheinland noch irgendwie aus dem Deutschen Reich herauszulösen.

Zu den Vereinbarungen von Locarno gehörten außerdem Schiedsverträge zwischen Deutschland, Polen und der Tschechoslowakei (das so genannte Ostlocarno) sowie die Aufnahme Deutschlands in den Völkerbund, die am 8. September 1926 erfolgte.

Die Architekten der Friedensordnung, der deutsche Außenminister Gustav Stresemann (1878–1929) und sein französischer Amtskollege Aristide Briand (1862–1932), wurden für ihre Arbeit mit dem Friedensnobelpreis für das Jahr 1926 ausgezeichnet.

Warum heißt der 25. Oktober 1929 auch „Schwarzer Freitag"?

Der 25. Oktober 1929 ist als der Tag des großen Börsenkrachs in die Geschichte eingegangen. An diesem „Schwarzen Freitag" brach der Glaube an eine unbegrenzte Vermehrung des Reichtums zusammen.

New York war im Aktienfieber. In den Vereinigten Staaten herrschte seit 1925 wirtschaftlicher Aufschwung. Die Menschen blickten optimistisch in die Zukunft und machten fröhlich Schulden – man würde das Geld ja problemlos zurückzahlen können. Wer Geld hatte, legte es in *Aktien* an, denn Aktien versprachen hohe Gewinne. Dabei hatten diese Wertpapiere oftmals nur einen Fantasiewert, aber jeder glaubte, die Erlöse würden schon irgendwann kommen. Das Aktienfieber ergriff schließlich auch Leute aus dem Mittelstand und aus der Arbeiterschaft. Sie kauften die Aktien nicht mit eigenem Geld, sondern mit Krediten, die ihnen die Banken gaben.

Dieses Handeln mit praktisch nicht vorhandenem Geld konnte nicht lange gut gehen: Die Spekulationsblase platzte. Im Herbst 1929 genügten schon geringe Kursverluste, um panische Aktienverkäufe hervorzurufen. Die Kurse fielen ins Bodenlose. Der 25. Oktober war der Tag, an dem die Banken belagert wurden und Börsenmakler zu dutzenden Selbstmord begingen.

Dem Absturz des Aktienhandels folgte ein allgemeiner Niedergang der Wirtschaft erst in den USA, dann in weiteren Industrieländern. Auch Deutschland blieb nicht verschont: Weil auf dem Weltmarkt weniger Industrieerzeugnisse nachgefragt wurden, kamen deutsche Betriebe in Schwierigkeiten, die ihre Produkte ins Ausland verkauften. Die Arbeitslosigkeit wuchs. In Deutschland wurden die Scharen von Männern, die untätig auf der Straße herumlungerten, zum gewohnten Bild.

Aktien
Wertpapiere; Anteile an einer Firma oder einem Betrieb

Solange es der Weimarer Republik relativ gut ging, fristete die rechtsradikale NSDAP ein kümmerliches Dasein. Das änderte sich mit der Weltwirtschaftskrise. Nun erhielt Hitlers Partei massenhaft Zulauf.

Wie wirkte sich die Weltwirtschaftskrise aus?

Im März 1930 trat die Regierung unter Hermann Müller zurück. Die *Koalition* aus SPD (Sozialdemokraten), katholischer Zentrumspartei und den Liberalen der DVP zerbrach an der Frage der Beitragserhöhung für die Arbeitslosenversicherung.

Was bis 1933 folgte, waren Regierungen, die nicht vom Parlament, dem Reichstag, gewählt, sondern vom Reichspräsidenten, dem alten Generalfeldmarschall von Hindenburg (1847–1934) eingesetzt worden waren. Und der half auch dann weiter, wenn das Parlament einen Gesetzentwurf der Regierung ablehnte. Dann wurde das Gesetz eben per „Notverordnung" in Kraft gesetzt.

Heinrich Brüning (1885–1970) war der erste Reichskanzler, der so regieren musste. Für den 14. September 1930 setzte er Neuwahlen an. Das Ergebnis war erschreckend. SPD und Zentrum hatten ungefähr ihre Anteile behalten. Die bürgerlichen, konservativen Parteien verzeichneten schwere Verluste. Die Radikalen aber waren obenauf: Die Kommunisten legten von 10,6 auf 13,1 Prozent zu. Die NSDAP, bisher eine kleine Splittergruppe, die bei der letzten Wahl gerade mal 2,6 Prozent der Stimmen erhalten hatte, bekam einen Anteil von 18,3 Prozent der Stimmen und war damit zweitstärkste Partei nach der SPD (24,5 Prozent). Zur Eröffnungssitzung des Reichstages marschierten 107 Abgeordnete in braunen Hemden, der Uniform der NSDAP, in den Plenarsaal – ein unübersehbares Zeichen, dass künftig mit der Hitlerpartei gerechnet werden musste.

Koalition
Zusammenschluss mehrerer Parteien

81 | *Die Weltkriege*

Wie kam Hitler an die Macht?

Die NSDAP kopierte mit ihren vielen Abteilungen und Unterabteilungen den Staatsapparat und seine Verwaltung und bereitete sich darauf vor, ihn eines Tages zu übernehmen.

Hitler hielt sich eine Privatarmee, die SA (Sturmabteilungen). Das waren uniformierte Schlägertruppen, die den politischen Gegner auf der Straße bekämpften. Zum persönlichen Schutz des Parteiführers gab es eine Eliteformation, die SS (Schutzstaffeln).

Von den Zielen, die Hitler in seinem Buch „Mein Kampf" (1925/26) beschrieben hatte, etwa von der Gewinnung von „Lebensraum" für das deutsche Volk im Osten und vom „Endkampf" gegen die Juden, war er nicht abgerückt.

Nach dem Erfolg bei der Reichstagswahl im September 1930 (die NSDAP wurde zweitstärkste Partei) wurde es für die Politiker der Weimarer Republik zunehmend schwieriger, an Hitler vorbeizuregieren. Reichskanzler Brüning konnte sich immerhin bis zum Frühjahr 1932 halten, aber seine Sparpolitik trieb die Arbeitslosenzahlen in die Höhe. Sein Parteifreund Franz von Papen (1879–1969) löste ihn ab. Er besaß zwar das Vertrauen des Reichspräsidenten Hindenburg, aber im Parlament hatte er nicht den geringsten Rückhalt. Unter Papen begann die verhängnisvolle Politik der Zugeständnisse an Hitler. Lange war in Wirtschaftskreisen und unter konservativen Politikern vermutet worden, dass Hitler sozialistische Ziele verfolge. Hieß seine Partei nicht National*sozialistische* Deutsche *Arbeiter*partei? Doch inzwischen hatte man eingesehen, dass die NSDAP zwar um die Arbeiter warb, aber nur um sie der Arbeiterbewegung abspenstig zu machen. Man würde also die Partei benut-

Die Weltkriege | 82

zen können, um eine Revolution zu verhindern. Aus diesem Grund wurde ein im April erlassenes Verbot der SA im Juni aufgehoben. Bei den Wahlen im Juli 1932 wurde die NSDAP mit 230 von 608 Sitzen im Reichstag stärkste politische Kraft.

Papen war im November 1932 bereits am Ende. Der Reichswehrgeneral Kurt von Schleicher (1882–1934) übernahm die Regierung. Er versuchte, innerhalb der NSDAP eine Front gegen Hitler aufzubauen. Aber Schleichers Konkurrent Papen durchkreuzte diese Pläne. Auf einem Treffen am 4. Januar 1933 wurden Schleichers Sturz und eine Regierungsbildung unter Beteiligung Hitlers verabredet. Man wollte aber dafür sorgen, dass er nicht zu mächtig wurde. Papen und seine Anhänger machten diesen Plan dem Reichspräsidenten Hindenburg schmackhaft – sie behaupteten, anders sei ein Bürgerkrieg nicht zu vermeiden. Am 30. Januar ernannte Hindenburg Hitler zum Reichskanzler. In der neuen Regierung, einer Koalition aus NSDAP und Deutschnationaler Volkspartei, waren Hitlers Leute in der Minderzahl – außer Hitler selbst hatten nur zwei NSDAP-Vertreter, Hermann Göring und Wilhelm Frick, Ministerposten inne. Am Abend desselben Tages marschierten hunderttausende von jubelnden Anhängern an Hitler vorbei.

Da in der Regierung Franz von Papens einige Adlige saßen, wurde sie auch als „Kabinett der Barone" verspottet.

Adolf Hitler und Hermann Göring während des Fackelzuges am Abend der Machtübernahme (30.01.1933)

Die Weltkriege

Wer zündete den Reichstag an?

Am Abend des 27. Februar 1933 brannte das Reichstagsgebäude lichterloh. Die geölten Fußböden und Holzvertäfelungen boten den Flammen reichlich Nahrung. Die Feuerwehr war machtlos.

Adolf Hitler, seit vier Wochen als Reichskanzler im Amt, war sofort zum Tatort geeilt. Er behauptete, die Täter zu kennen: Es konnten nur die Kommunisten sein, die ein Signal zum Umsturz geben wollten. Noch in der Nacht schwärmten Polizisten aus, die ca. 4 000 Kommunisten verhafteten. Am nächsten Tag besorgte sich Hitler von Reichspräsident Hindenburg eine „Verordnung zum Schutz von Volk und Staat", nach der wesentliche Grundrechte der Weimarer Verfassung aufgehoben werden konnten. Damit erhielt Hitlers Regierung die Möglichkeit, die KPD und auch Teile der SPD aus dem zurzeit laufenden Wahlkampf (für die Reichstagswahlen im März) zu entfernen – eine wichtige Etappe auf dem Weg zur vollständigen Macht.

Anarchismus
Lehre von einer Gesellschaft ohne Staatsgewalt und feste Ordnung

Die Polizei hatte in der Brandnacht den holländischen *Anarchisten* Marinus van der Lubbe festgenommen, der mit Kohlenanzündern in der Hand durchs Reichstagsgebäude geirrt war. Er gab alles zu und sagte, er habe ein deutliches Zeichen gegen den Nationalsozialismus setzen wollen. Aber das glaubte ihm keiner: Die Experten meinten, einer allein könne die Tat nicht begangen haben. Die Nationalsozialisten hielten daran fest, es müssten die Kommunisten gewesen sein. Und die Kommunisten hatten die Nationalsozialisten in Verdacht, weil diese so auffallend schnell reagiert hatten.

Beweisen ließ sich jedoch außer der Täterschaft van der Lubbes überhaupt nichts. Der Holländer wurde hingerichtet, die vier mitangeklagten Kommunisten wurden freigelassen.

Gewalt und Einschüchterung hatten immer zum Programm der Nationalsozialisten gehört. Nach der Machtergreifung am 30. Januar 1933 erhielten sie Gelegenheit, beides ungestraft und ungehindert auszuüben.

Wie organisierten die Nationalsozialisten ihren Terror?

Bevorzugtes Mittel war die so genannte Schutzhaft. Die hatte es vorher zwar auch schon gegeben (Personen konnten in Polizeigewahrsam genommen werden, wenn das zu ihrem Schutz oder zur Abwendung einer Gefahr für die öffentliche Ordnung nötig erschien), aber Häftlinge mussten spätestens am folgenden Tag wieder entlassen werden. Die Nationalsozialisten legten nun den Begriff ganz anders aus. Ihre Schutzhaft war auf Dauer angelegt, und dem Beschuldigten standen keine Rechtsmittel (zum Beispiel Anwälte) zur Verfügung.

Da tausende verhaftet wurden, reichten die Polizeigefängnisse bald nicht aus. Man behalf sich mit leer stehenden Fabriken, die in so genannte Konzentrationslager (KZ) umgewandelt wurden. Darüber hinaus richteten SA-Leute „wilde" Lager in Kellern, Scheunen und Schuppen ein, in die sie wahllos Verhaftete einsperrten. Misshandlungen der Gefangenen oder gar Tötungen waren an der Tagesordnung.

Der „wilde" Terror ging bald in einen organisierten Terror über. Es entstanden durchgeplante Anlagen, die nicht mehr von den SA-Schlägertrupps bewacht wurden, sondern von der SS. Im Oktober 1933 wurde für das KZ Dachau bei München eine Lagerordnung erlassen, die zum Muster für die Errichtung weiterer Lager diente. In Flossenbürg, Sachsenhausen, Buchenwald, Mauthausen und Ravensbrück entstanden in den nächsten Jahren große Gefängniskomplexe, in denen das NS-Regime seine Gegner manchmal auf Jahre festhielt.

Wann wurde Deutschland endgültig zur Diktatur?

Die Errichtung der Diktatur in Deutschland geschah in vielen kleinen Schritten, und diese kleinen Schritte bewegten sich scheinbar alle im Rahmen des Rechts und der Gesetze.

**Diktatur
Alleinherrschaft**

So ließ sich Hitler am 23. März 1933 vom Reichstag eine weit reichende Ermächtigung geben, über die ganz „demokratisch" debattiert und abgestimmt worden war. Das Ergebnis war nur, dass es nach diesem „Gesetz zur Behebung der Not von Volk und Reich" für den Reichstag nichts mehr zu tun gab: Seine wichtigsten Aufgaben, die Gesetzgebung, das Haushaltsrecht, die Bewahrung der Verfassung, hatte er soeben dem Reichskanzler Hitler übergeben. Die Sozialdemokraten waren die Einzigen, die gegen das Gesetz stimmten. Die Kommunisten fehlten, ihnen waren nach dem Reichstagsbrand die Sitze im Parlament genommen worden. Die Abgeordneten der bürgerlichen Parteien und des katholischen Zentrums stimmten der Entmachtung des Parlaments zu. Sie glaubten, dass die Probleme der Zeit nur noch mit diktatorischen Mitteln zu lösen seien. Damit besiegelten sie aber auch ihr eigenes Ende. Im Sommer zwang Hitler eine Partei nach der anderen zur Auflösung. Wiederum durch Gesetz ließ er am 14. Juli 1933 feststellen, dass in Deutschland nur noch eine Partei bestehe, die NSDAP.

Und diese „Gleichschaltung", also die Vereinheitlichung von Gruppen und Organisationen, ging weiter. Als Nächstes traf es die Länder, deren Parlamente aufgelöst wurden, dann die Berufsverbände, die Universitäten, die Jugendorganisationen. Alle nur denkbaren Gruppierungen wurden verboten. Übrig blieben die, die streng an den nationalsozialistischen Ideen ausgerichtet waren.

Die Weltkriege 86

Die Arbeiterschaft wollte mit dem Nationalsozialismus nichts zu tun haben, das war Hitler und seinen Gefolgsleuten einigermaßen klar. Deswegen versuchten sie, die Arbeiter mit Freizeitangeboten zu ködern.

Wie versuchten die Nationalsozialisten, die Arbeiter für sich zu gewinnen?

An die Stelle der von den Nationalsozialisten verbotenen Gewerkschaften trat die Deutsche Arbeitsfront. Diese beschränkte sich auf die Verbreitung nationalsozialistischer Parolen und auf beratende Tätigkeiten. Keine Rede mehr von Sozialpartnerschaft oder Arbeitnehmerrechten – in den Betrieben herrschte stattdessen das Führer-Gefolgschaft-Verhältnis. Von Staats wegen durften die Löhne nicht ansteigen. Immerhin sorgten Überwachungsstellen dafür, dass auch die Preise stabil blieben, und unbestreitbar nahm die Zahl der Arbeitslosen ab. Das Verdienst daran konnte sich der NS-Staat aber kaum zuschreiben, denn die Erholung der Wirtschaft hatte bereits im Jahr vor Hitlers Machtergreifung eingesetzt.

Um die Arbeiter trotz dieser Einschränkungen für sich zu gewinnen, kümmerten sich die Nationalsozialisten bald um deren Freizeit. Die Deutsche Arbeitsfront richtete eine spezielle Organisation namens Kraft durch Freude (KdF) ein. KdF veranstaltete Theateraufführungen und Konzerte, unterhielt Leihbüchereien und führte Filme vor. Es kümmerte sich um den Betriebssport und die Ausstattung der Arbeitsplätze. Es versprach, beim Erwerb eines Autos zu helfen; für den KdF-Wagen, den Vorläufer des Volkswagens, wurde eigens eine Fabrik bei Wolfsburg errichtet, die dann aber nur Militärfahrzeuge baute – kein Sparer sah sein Auto. Und KdF trat als Reiseveranstalter auf. Für wenig Geld konnte man an der See oder im Gebirge Urlaub machen oder gar eine Kreuzfahrt antreten.

Was geschah beim Röhm-Putsch?

Mit der Übernahme des Staatsapparats durch seine Partei war für Hitler die „nationale Revolution" zum Ziel gekommen. Als Nächstes gedachte er, das Heer, die Wehrmacht, auszubauen, um ein Instrument für seine Eroberungspläne zu haben.

Es gab aber Nationalsozialisten, die von einer zweiten, einer gründlicheren Revolution träumten. Sie waren vor allem in der SA anzutreffen. Die Sturmabteilung war inzwischen zu einer Millionenarmee geworden, die nach Betätigung verlangte. Ihr Stabschef Ernst Röhm wollte die SA zu einer Volks*miliz* machen, womit er den Berufssoldaten der Wehrmacht in die Quere kam.

Miliz
halbmilitärische Polizei

Hitler löste den Konflikt in brutaler Weise. Er beorderte die SA-Führer zu einer Tagung nach Bad Wiessee. Dort ließ er sie am Morgen des 30. Juni 1934 von SS-Leuten festnehmen und nach München bringen, wo sie im Gefängnis erschossen wurden. Die Festnahmen lösten eine vorbereitete Aktion im Reich aus, die sich zu einer allgemeinen Abrechnung mit tatsächlichen oder vermeintlichen Gegnern und Konkurrenten Hitlers ausweitete. Die offizielle Todesliste enthielt neben dem Namen von Ernst Röhm noch 82 weitere, darunter auch der frühere Reichskanzler Kurt von Schleicher. Tatsächlich werden es aber wesentlich mehr gewesen sein.

Ein Gesetz der Reichsregierung vom 3. Juli 1934 erklärte die Mordaktion als „Staatsnotwehr" für rechtens – die SA-Führung habe einen Putsch geplant. In einer Rundfunkrede behauptete Hitler: „In diesem Augenblick war ich des deutschen Volkes oberster Richter." Dabei war er doch nichts als der oberste Henker gewesen.

Die Weltkriege

Den Wunsch der Jugend nach Gemeinschaft und Abenteuer machten sich die Nationalsozialisten zu Nutze. In der NSDAP gab es seit 1922 einen „Jungsturm Adolf Hitler", der 1926 in „Hitlerjugend", kurz HJ, umbenannt wurde.

Wie war die Hitlerjugend organisiert?

1932 wurde Baldur von Schirach „Reichsjugendführer" der Hitlerjugend. Ab 1933 wurden dann alle übrigen Jugendverbände zur Auflösung gezwungen. Übrig blieb die HJ als Staatsjugend, der jeder Junge und jedes Mädchen angehören musste. In der HJ galt das Prinzip „Jugend wird von Jugend geführt" – damit schien die Jugendorganisation frei von der Gängelung durch Elternhaus und Schule. Der Staat feierte seine Jugendlichen als „Garanten der Zukunft", das musste deren Selbstwertgefühl ungemein schmeicheln. Attraktive Freizeitangebote mit Fahrten und Lagerleben, Geländespielen, halbmilitärischer Ausbildung an der Waffe, sportlichen Wettkämpfen und der Möglichkeit, sich bei der Marine oder den Segelfliegern zu betätigen, wirkten als zusätzliche Anreize.

„Flink wie Windhunde, zäh wie Leder und hart wie Kruppstahl" wünschte sich Adolf Hitler die Jugend seines Reiches, und im Krieg sollte deutlich werden, was damit gemeint war: Ab 1940 mussten sich die HJ-Mitglieder für soziale Hilfeleistungen und Luftschutzaufgaben bereithalten, dann als Begleiter und Lagerführer in der Kinderlandverschickung und schließlich im Volkssturm und bei der SS als Soldaten. Die Jungen wurden zu leidenschaftlichen Kämpfern für die NS-Weltanschauung abgerichtet, so in der 12. SS-Panzerdivision „Hitlerjugend", die 1944 in den Kämpfen an der Front verheizt wurde.

89 | Die Weltkriege

Wie wurden die Juden entrechtet?

In Deutschland lebten ca. 500 000 Juden. Das war gegenüber einer Gesamtbevölkerung von 60 Millionen eine verschwindend geringe Zahl. Dennoch erregte die Anwesenheit der Juden bei bestimmten Menschen ständig Furcht und Abneigung.

Das war seit Jahrhunderten so. Man hatte die Juden im Mittelalter für den Ausbruch von Epidemien verantwortlich gemacht und ihnen unterstellt, Christenkinder zu morden. In späterer Zeit waren Vorwürfe dazugekommen, die Juden seien skrupellose Geschäftemacher und überall dabei, wichtige Posten zu besetzen, um irgendwann einmal die Welt zu beherrschen. Ende des 19. Jahrhunderts fanden sich erstmals „Wissenschaftler", die solche Wahnideen tatsächlich zum Gegenstand der Forschung machten! Der *Antisemitismus* wurde in Kreisen des Bürgertums Mode. In Wien, wo ein Judenfeind wie Karl Lueger 1895–1910 Bürgermeister war, hatte er seine besondere Heimat. Hier sog ihn der junge Hitler auf. Der Antisemitismus wurde zum Inhalt seines Lebens, er bestimmte auch das Programm seiner Partei, der NSDAP. „Volksgenosse kann nur sein, wer deutschen Blutes ist … Kein Jude kann daher Volksgenosse sein", schrieb sie sich am 24. Februar 1920 in ihre Statuten.

Nach der Machtergreifung 1933 erhielten die Nationalsozialisten die Möglichkeit, mit ihrem Hass auf die Juden Ernst zu machen. Am 1. April wurde zum *Boykott* jüdischer Geschäfte aufgerufen. Es folgten Berufsbeschränkungen für jüdische Beamte, Rechtsanwälte, Ärzte, Apotheker, danach die Ausschaltung der Juden aus dem Kulturleben. Ab September 1935 lieferten die so genannten Nürnberger Gesetze die Grundlage für ein Verbot des Umgangs zwischen Juden und Nichtjuden.

Antisemitismus
Feindschaft gegenüber Juden

Boykott
das bewusste Meiden eines Ortes oder einer Gruppe; das bewusste Unterlassen einer bestimmten Handlung

Nach Verabschiedung der Nürnberger Rassengesetze (September 1935) durfte es keine Ehen mehr zwischen Juden und so genannten „Deutschblütigen" geben. Die Politik der Berufsbehinderungen und -verbote wurde fortgesetzt.

Was geschah in der Reichskristallnacht?

Die Juden wurden gezwungen, ihre Firmen zu verkaufen, die dann „arisiert", das heißt von Deutschen für wenig Geld übernommen wurden. Dazu kamen Schikanen aller Art, die die Juden in der Öffentlichkeit erleiden mussten.

Arier war die Bezeichnung für den Angehörigen der nordischen Rasse.

Einige zogen es unter diesen Umständen vor auszuwandern. Aber es zeigte sich, dass nur wenige Länder bereit waren, Juden aufzunehmen. Der nationalsozialistische Staat erhob außerdem von Auswanderern eine Reichsfluchtsteuer. So blieb ein Großteil der Juden vorerst noch im Land und tröstete sich damit, dass es schlimmer wohl nicht kommen könne.

Aber es kam schlimmer. Am 7. November 1938 erschoss ein junger Jude namens Herschel Grynszpan einen Beamten in der Deutschen Botschaft in Paris – aus Empörung darüber, dass seine Familie nach Polen abgeschoben worden war. Die nationalsozialistische Führung nahm das Attentat zum Anlass, in der Nacht vom 9. auf den 10. November eine Aktion gegen die Juden im Reich zu inszenieren. Sie sollte wie spontaner Volkszorn aussehen – dabei war klar, dass es SA-Männer waren, die auf Kommando handelten. Jüdischen Ladenbesitzern wurden die Scheiben eingeworfen, Läden und Wohnungen wurden geplündert und verwüstet, Synagogen gingen in Flammen auf. Tausende Juden wurden festgenommen und in KZs eingeliefert, 91 wurden getötet. Der Sachschaden betrug mehrere 100 Millionen Reichsmark.

Was waren Hitlers Ziele in der Außenpolitik?

Bereits in der Weimarer Republik war Hitlers Ziel gewesen, den Vertrag von Versailles rückgängig zu machen. Darin konnten ihm viele zustimmen, die den Friedensvertrag als schreiendes Unrecht empfanden.

Selbst in der internationalen Politik hatte sich die Einsicht breit gemacht, dass man mit dem besiegten Deutschland allzu hart verfahren war. Deswegen gab es bei den Aktionen der Jahre 1935-38 auch keinen oder nur geringen Protest von außen: Die Wehrpflicht wurde wieder eingeführt. Das Saargebiet kam durch Volksabstimmung „heim ins Reich". Deutsche Truppen marschierten in die entmilitarisierte Zone im Rheinland ein. Die österreichische Regierung wurde zum Rücktritt gezwungen, Österreich ans Reich „angeschlossen". Die Tschechoslowakei musste das Sudetenland an Deutschland abgeben.

Es waren „Blumenkriege", die da geführt wurden. Jubelnde Mengen standen an den Straßen, wenn deutsches Militär einrückte. Dass zuvor manchmal mit Gewalt nachgeholfen worden war, geriet bald in Vergessenheit.

Aber dann, im März 1939, verkündete Hitler die „Zerschlagung der Rest-Tschechei". Das alarmierte vor allem die Engländer. Jetzt ging es um Gebiete, die überhaupt nicht zu Deutschland gehört hatten und in denen auch keine Deutschen wohnten.

Bald wurde klar, was Hitler vorhatte: Ausdehnung des Reiches nach Osteuropa, die Gewinnung von „Lebensraum" für das deutsche Volk. Davon hatte er schon oft gesprochen, aber keiner hatte es so recht wahrhaben wollen. Das nächste Ziel würde Polen sein. Großbritannien und Frankreich erklärten sich deswegen bereit, Polen bei einem deutschen Angriff beizustehen.

Die Weltkriege

Wieder behauptete Hitler, es gehe nur um Danzig und um eine kleine Korrektur des Versailler Friedensvertrages. Aber Frankreich und England wollten ihm nichts mehr durchgehen lassen.

Wie brach der Zweite Weltkrieg aus?

Am Morgen des 1. September 1939 machte das deutsche Linienschiff „Schleswig-Holstein" im Hafen von Danzig die Leinen los und legte ab. Seine Geschütztürme richteten sich auf die polnischen Befestigungsanlagen auf der Westerplatte nahe Danzig. Um 4.45 Uhr rollten die ersten Salven über das Wasser. Die Beschießung leitete den Angriff auf Polen und damit den Zweiten Weltkrieg ein.

Hitler glaubte, auch bei diesem außenpolitischen Gewaltakt werde ihn keiner stören. Ein mit dem russischen Staatschef Stalin geschlossener Nichtangriffspakt (23. August 1939) schien die Garantie dafür zu sein.

Doch Engländer und Franzosen verhielten sich anders als von Hitler erwartet. Sie standen zu ihrem Bündnispartner Polen und erklärten am 3. September dem Deutschen Reich den Krieg. Zwar unternahmen sie außer einer Blockade der Schifffahrtswege zunächst noch nichts, doch beantworteten sie auch nicht die Friedensangebote, die Hitler nach dem Sieg über Polen (6. Oktober) an sie richtete. Daraufhin befahl er, einen Feldzug gegen Frankreich vorzubereiten, der im Mai 1940 begann. Dem Unternehmen voraus ging die Besetzung von Norwegen und Dänemark (April 1940). Es folgten die Luftschlacht um England (ab August 1940), Kämpfe in Nordafrika (ab Ende 1940) und auf dem Balkan (Frühjahr 1941) und der U-Boot-Krieg im Nordatlantik, der die USA dazu brachte, England zu unterstützen – der Weltkrieg war im Gange.

93 | Die Weltkriege

Was war das Unternehmen Barbarossa?

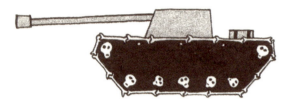

Im Juni 1941 begann Hitler den Krieg gegen die Sowjetunion. Bereits vorher wurde allen Beteiligten eingeschärft, dass bei diesem Kampf die hergebrachten Regeln der Kriegführung außer Kraft gesetzt seien.

In den Völkern der Sowjetunion sah Hitler nur „Untermenschen", die kein Lebensrecht besaßen. Ihnen drohten Vertreibung oder Ausrottung in großem Maßstab. Ritterlichkeit und traditionelle soldatische Ehrbegriffe waren fehl am Platz, wenn es um die Eroberung von Lebensraum für das deutsche Volk ging.

Über den zwei Jahre zuvor abgeschlossenen Deutsch-Sowjetischen Nichtangriffspakt setzte er sich bedenkenlos hinweg. Der Einmarsch geschah ohne Kriegserklärung, als Überfall. Drei Millionen Soldaten mit 3 580 Panzern, die größte jemals versammelte Streitmacht, setzten sich in Bewegung. In wenigen Wochen glaubten Hitler und seine Generäle, den Feind niederwerfen zu können. Der Feldzug ließ sich zunächst auch erfolgreich an, doch zur Eroberung des Riesenraumes genügten die deutschen Kräfte nicht. Nachdem die deutschen Truppen 1941/42 bis kurz vor Moskau, bis zur Wolga und bis zum Kaukasus gekommen waren, mussten sie sich immer weiter zurückziehen.

Im Hinterland der Front und auch beim Rückzug, wo sie alles in Schutt und Asche legte, machte die deutsche Führung bereits Ernst mit ihrem Vernichtungsprogramm. 20 Millionen Sowjetbürger kamen während des Krieges ums Leben. Davon waren ein Drittel Zivilisten, die erfroren oder verhungerten, bei Luftangriffen getötet wurden, an Seuchen starben oder hingerichtet wurden.

In der Schlacht von Stalingrad wurde von August bis November 1942 erbittert um einzelne Straßenzüge und Gebäude gekämpft. Die Deutschen erlitten hier ihre größte Niederlage.

Was wollte die Weiße Rose erreichen?

Es gab in Deutschland Widerstand gegen die Machthaber des Dritten Reiches. Ein Beispiel ist die Gruppe von Studenten um Hans und Sophie Scholl, die an der Münchener Universität tätig war.

„Der Tag der Abrechnung ist gekommen, der Abrechnung unserer deutschen Jugend mit der verabscheuungswürdigsten Tyrannei, die unser Volk je erduldet hat", stand auf den Flugblättern, die überall auf den Gängen der Münchener Universität lagen. Und da noch Exemplare übrig waren, schütteten die beiden Studenten den Rest vom obersten Stock hinunter in den Innenhof. Das geschah am 18. Februar 1943.

Es war der Tag, an dem Hitlers *Propaganda*minister Joseph Goebbels im Berliner Sportpalast auf einer Gedenkveranstaltung für das „Heldenopfer von Stalingrad" sprach. Die Machthaber mussten nach der militärischen Katastrophe in Stalingrad die Nation auf neue Taten einschwören. Goebbels legte den Zuhörern die Frage vor: „Wollt ihr den totalen Krieg?" Die Antwort war rasender Beifall, Jubelschreie und Sprechchöre.

Propaganda
Parolen, die die Meinung von Menschen gezielt beeinflussen sollen

Die Münchener Studenten warfen Hitler in ihrem Flugblatt vor, „sinn- und verantwortungslos" 350 000 deutsche Männer in Tod und Verderben gehetzt zu haben.

Der Hausmeister hatte die Flugblattverteilung beobachtet, er verständigte die Polizei. Die verhaftete nicht nur die Geschwister Hans und Sophie Scholl, sondern auch andere Mitglieder ihres Widerstandskreises, der „Weißen Rose".

Der Staat reagierte mit großer Härte. Die Geschwister Scholl und ihr Freund Christoph Probst wurden am 22. Februar vom Volksgerichtshof zum Tod verurteilt und hingerichtet. Weitere Prozesse mit zahlreichen Todesurteilen schlossen sich an.

Die Weltkriege

Was war der Holocaust?

„Holocaust", das aus dem Griechischen stammende Wort für Brandopfer, ist heute die Bezeichnung für den Mord an den Juden im Zweiten Weltkrieg. Die Nationalsozialisten sprachen harmlos von „Endlösung".

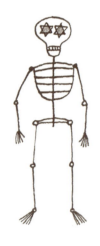

Partisan bewaffnetes Mitglied einer Gruppe, die aus dem Hinterhalt eingedrungene Feinde angreift

Wann der Befehl zur Vernichtung der Juden erging, ist nicht mehr exakt festzustellen; ein schriftliches Dokument aus Hitlers Hand ist nicht erhalten.

Die so genannte „Judenfrage" hatte durch schrittweises Herausdrängen der Juden aus ihren bürgerlichen Stellungen und schließlich aus dem Reichsgebiet selbst „gelöst" werden sollen. Je länger aber der Krieg dauerte, desto brutaler wurden die Vorstellungen der Nationalsozialisten. Das Problem hatte sich verschärft, denn durch die deutschen Eroberungen waren Millionen von Juden unter deutsche Herrschaft gekommen.

Im Herbst 1940 wurden die ersten geschlossenen Wohnbezirke für Juden errichtet, u. a. in Warschau, Lodz, Lublin und Lemberg. In diesen Großgettos, in denen wegen Überfüllung und mangelnder Versorgung Seuchen und Unterernährung herrschten, kam es auch zu ersten Massenerschießungen durch so genannte Einsatzgruppen. Die bald einsetzende *Partisanen*bewegung diente ihnen als Vorwand für ihre Mordaktionen.

Um die „seelischen Belastungen" der Täter bei den Massenerschießungen zu verringern, wurden um die Jahreswende 1941/42 die ersten Gaswagen eingeführt, in denen man die Juden durch Auspuffgase des Motors tötete. Auf der Wannsee-Konferenz (20. Januar 1942) wurde das Programm der Judenvernichtung festgelegt. Bereits im Oktober 1941 hatte man mit dem Abtransport der Juden aus dem Reichsgebiet begonnen. Bis dahin hatten sich die Lebensbedingungen der Juden immer weiter verschlechtert. Mit dem Judenstern gekennzeichnet, beleidigt, schikaniert, ihres Vermögens beraubt, aus ihren Wohnungen vertrieben, lebten sie wie Aussätzige.

Wie auf der Wannsee-Konferenz angekündigt, wurde „Europa von Westen nach Osten durchgekämmt". In verschiedenen besetzten Ländern gab es Verzögerungen oder gar Widerstand, aber nur selten gelang es, den Abtransport der Juden zu verhindern. Im besetzten Polen wurden in Chelmno, Sobibór, Treblinka, Maidanek und Auschwitz Vernichtungslager eingerichtet, in denen die Tötung fabrikmäßig mittels Gas (Kohlenmonoxid und Zyklon B) betrieben wurde. Der ganze Vorgang, verharmlosend Endlösung genannt, unterlag strengster Geheimhaltung. Meistens gelang es sogar, die Todgeweihten über ihr Schicksal zu täuschen.

Die Gaskammern wurden als Bäder oder Desinfektionsräume, das Entkleiden der Opfer als hygienische Maßnahme ausgegeben. Der persönliche Besitz sowie alles, was an den Leichen noch irgendwie verwertbar schien (Haare, Goldzähne), wurde gesammelt und den Wirtschaftsbetrieben der SS zur Verfügung gestellt. Die genaue Zahl der von den Nationalsozialisten umgebrachten Juden lässt sich nicht feststellen. Schätzungen sprechen von rund fünf Millionen.

Die Nationalsozialisten führten auch Mordaktionen unter Geisteskranken durch. Der so genannten Euthanasie fielen mehr als 100 000 Patienten von Heilanstalten zum Opfer.

Kinder und Frauen im KZ Auschwitz nach der Befreiung des Lagers

97 | Die Weltkriege

Was geschah am 20. Juli 1944?

Eine Gruppe deutscher Offiziere war entschlossen, Hitler umzubringen und danach den Krieg zu beenden. Der Plan der Verschwörer war genial: Ihr Putsch würde so aussehen, als sei er von ganz oben befohlen worden.

Die Verschwörer hatten ihre Arbeitsplätze nämlich beim Befehlshaber des Ersatzheeres und konnten von dort per Telefon und Fernschreiber Befehle an die militärischen Dienststellen im Reich und in den besetzten Gebieten herausgeben. Keiner käme also auf die Idee, dass diese Befehle nicht von ganz oben kämen.

Voraussetzung aber war, dass Hitler zuvor aus dem Weg geräumt wurde. Nur einer der Verschwörer kam dafür infrage, weil er Zugang zu den Lagebesprechungen im Führerhauptquartier hatte: der Oberst Claus Graf Schenk von Stauffenberg.

Am 20. Juli 1944 deponierte Stauffenberg eine Sprengladung in einer Aktentasche unter dem Kartentisch in Hitlers Hauptquartier in Rastenburg (Ostpreußen). Zehn Minuten später explodierte die Bombe. Mehrere Teilnehmer der Lagebesprechung kamen ums Leben, Hitler jedoch nicht – der schwere Tisch hatte die Energie der Ladung von ihm abgehalten.

Stauffenberg war die Flucht geglückt. Er gelangte noch per Flugzeug am Nachmittag nach Berlin, musste dort aber feststellen, dass die Verschwörer den Putsch noch gar nicht ausgelöst hatten. Das wurde nun, viel zu spät, nachgeholt.

Komplizen im Führerhauptquartier hatten die dortige Telefonanlage ausschalten sollen, aber das war nicht gelungen. Der nur leicht verletzte Hitler konnte sofort Gegenmaßnahmen in Berlin veranlassen. Am späten Abend wurden die Verschwörer verhaftet, Stauffenberg und andere wurden erschossen.

Die Weltkriege

Im Frühjahr 1945 befand sich das Deutsche Reich in einer hoffnungslosen Lage: Die militärische Macht war vernichtet, die Bevölkerung ausgelaugt und erschöpft, die Städte zerbombt und zerstört und der Feind längst im eigenen Land.

Was bedeutete die bedingungslose Kapitulation für die Deutschen?

Der Krieg, der von Deutschland seinen Ausgang genommen hatte, war nach Deutschland zurückgekommen. Von Westen her waren amerikanische, britische und französische Truppen ins Reich eingedrungen, von Osten her die sowjetische Rote Armee. In Berlin wurde seit Tagen gekämpft. Im Bunker unter der Reichskanzlei aber saß Hitler, körperlich nur noch ein Wrack, und plante immer noch große Militäroperationen, obwohl seine Armeen längst entweder aufgelöst oder in irgendwelchen Winkeln Europas bewegungslos eingekeilt waren.

Am 29. April 1945 stand die Eroberung des Berliner Regierungsviertels durch die Sowjets unmittelbar bevor. Da erkannte auch Hitler, dass es Zeit war, Schluss zu machen. Zuvor sorgte er aber noch dafür, dass in seine bürgerliche Existenz Ordnung kam, indem er seine langjährige Geliebte Eva Braun heiratete. Am darauf folgenden Tag nahmen sie sich das Leben.

Zu seinem Nachfolger als Reichskanzler hatte er Joseph Goebbels bestimmt. Der beging mit seiner Familie ebenfalls Selbstmord. Großadmiral Dönitz als neuem Reichspräsidenten blieb die Aufgabe, den Krieg zu beenden. Am 7. Mai wurde im amerikanischen Hauptquartier in Reims und am 9. Mai im sowjetischen in Karlshorst die bedingungslose Kapitulation unterzeichnet. Sie bedeutete weit mehr als der Waffenstillstand von 1918: Diesmal mussten die Deutschen ihr militärisches und politisches Schicksal vollständig in die Hände der Sieger legen.

99 | *Die Weltkriege*

Die Nachkriegszeit

Wie sah es in Deutschland nach dem Krieg aus?

Deutschland glich im Frühsommer 1945 über weite Strecken einer gespenstischen Todeslandschaft. Städte und Dörfer lagen in Trümmern, die Schuttmassen wurden auf 400 Millionen Kubikmeter geschätzt.

Das öffentliche Verkehrswesen war völlig zusammengebrochen, Privatautos waren von den Straßen verschwunden. Das Post- und Fernmeldewesen hatte seine Dienste eingestellt – falls noch etwas funktionierte, wurde es von den *Alliierten* für ihre Zwecke benutzt. Im Presse- und Verlagswesen trat eine zum Teil monatelange Unterbrechung ein. Wer sich über die Weltereignisse informieren wollte, war auf die Bekanntmachungen der Militärregierungen angewiesen.

Alliierte
Verbündete

Aber die Deutschen wollten wenig von Politik wissen, weit wichtiger war es für sie, ein Dach über dem Kopf, Heizmaterial und Nahrung zu finden. Zu Millionen waren sie unterwegs, zu Fuß und mit Handkarren, und tauschten Wertsachen gegen Lebensmittel ein. „Organisieren" nannte man diese Tauschaktionen. So genannte Hamsterfahrten zu den Bauern aufs Land gehörten ebenso dazu wie der Schwarzmarkt in den Städten und die Zigarettenwährung (amerikanische und englische Zigaretten wurden dabei wie Geld eingesetzt).

Handwerk und Industrie ruhten; viele der dort Beschäftigten wurden zu Aufräumungs- und Instandsetzungsarbeiten verpflichtet. Als Beamter im öffentlichen Dienst durfte nur arbeiten, wer nicht der NSDAP angehört hatte.

Die letzten Kriegsgefangenen kamen erst 1955 nach Hause.

Von Millionen Kriegsgefangenen fehlte vorerst jede Nachricht. Teilweise wurden sie zu Arbeitsleistungen in Großbritannien, in den Niederlanden, in Frankreich, Belgien und in der Sowjetunion festgehalten. Dazu kam das Elend der Flüchtlinge

Die Nachkriegszeit | 102

und Vertriebenen. Die ersten waren bereits mit den vor der Roten Armee zurückweichenden deutschen Truppen in den Westen gelangt. In den Ostgebieten des Deutschen Reiches und in den deutschen Siedlungsgebieten in Ost- und Südosteuropa begannen die Verfolgungen gegen die verhassten Deutschen schon vor dem 8. Mai 1945. Sie setzten sich in den Jahren danach fort. Meist völlig mittellos, kamen diese Menschen in Deutschland an. Insgesamt waren es über 13 Millionen, die untergebracht und ernährt werden mussten.

Hungersnöte und Epidemien drohten.

Nach einer Rundreise durch Europa schrieb der amerikanische Ex-Präsident Herbert Hoover: „Was die Lebensmittel, die Heizung und die Unterkunft angeht, so ist das deutsche Volk auf den niedrigsten Stand gesunken, der seit hundert Jahren in der Geschichte des Westens bekannt ist."

Ein US-Soldat verteilt Schokolade an Kinder.

Was wurde im Potsdamer Abkommen vereinbart?

Ein Friedensvertrag der Siegermächte mit dem Deutschen Reich stand noch in weiter Ferne. Eine Art Abkommen sollte ihn vorläufig ersetzen. Aber angesichts der weltpolitischen Entwicklung blieb es bei diesem Provisorium.

Vom 17. Juli bis zum 2. August 1945 berieten in Potsdam die „Großen Drei", die Regierungschefs der USA (Truman), der Sowjetunion (Stalin) und Großbritanniens (zunächst Churchill, dann Attlee) über die Schaffung einer gerechten und dauerhaften Friedensordnung nach dem verheerendsten aller Kriege. Ihre „Übereinkunft über Deutschland", der am 4. August auch das an der Konferenz nicht beteiligte Frankreich zustimmte, sah unter anderem die völlige Abrüstung Deutschlands vor; außerdem die Auflösung der NSDAP und Entfernung aller ihrer Mitglieder aus öffentlichen Ämtern sowie eine Verurteilung der Kriegsverbrecher und die Demokratisierung des Landes.

Die Teilnehmer der Konferenz vereinbarten außerdem, dass die deutsche Kriegsindustrie vernichtet und die gesamte Produktionsmenge Deutschlands festgelegt werden sollte. Der wirtschaftliche Schwerpunkt sollte auf die Entwicklung der Landwirtschaft und der Friedensindustrie für den inneren Bedarf gelegt werden. Was darüber hinaus an industriellen Anlagen vorhanden war, musste abgebaut und den Siegermächten übergeben werden. Weiter sollte Deutschland *Reparationen* leisten, seine Auslandsguthaben von den Siegermächten kontrollieren lassen und die Kriegs- und Handelsflotte ausliefern.

Reparationen Schadenersatz

Gebietsvergrößerungen Deutschlands seit 1937 wurden ihm wieder abgenommen, darüber hinaus auch frühere deutsche Gebiete jenseits der Oder-Neiße-Linie, die zum großen Teil unter polnische Verwaltung kamen. Österreich erhielt seine Selbstständigkeit zurück. Die Grenzziehungen in den Ostgebieten sollten bis zu einer friedensvertraglichen Regelung gelten. Eine eventuelle Rückführung von Deutschen aus Polen, der Tschechoslowakei und Ungarn sollte „in ordnungsgemäßer und humaner Weise" erfolgen.

Das übrige Deutschland wurde in vier Zonen aufgeteilt.

Die Rote Armee besetzte Brandenburg, Mecklenburg, Vorpommern, Sachsen, Sachsen-Anhalt und Thüringen. Die Amerikaner übernahmen Bayern, Hessen, Württemberg-Baden und Bremen, die Briten Schleswig-Holstein, Hamburg, Niedersachsen und Nordrhein-Westfalen. Obwohl Frankreich ursprünglich nicht an den Planungen für das Nachkriegsdeutschland beteiligt gewesen war, erhielt es eine Besatzungszone: Rheinland-Pfalz, Württemberg-Hohenzollern und Baden. Berlin wurde in vier Sektoren aufgeteilt. Trotz dieser Aufteilung sollte Deutschland während der Besatzung als wirtschaftliche Einheit betrachtet werden.

So weit das Programm. Dass vieles dann ganz anders kam, lag hauptsächlich an zwei Umständen: Die Not, in der sich das Land befand, machte Sofortmaßnahmen nötig. Um überhaupt voranzukommen, warfen die Militärverwaltungen zahlreiche Grundsätze über Bord. Vor allem die Abrechnung mit den Vertretern des alten *Regimes* und das vorgesehene Programm der politischen „Umerziehung" sollten darunter leiden.

Regime
(volksfeindliche)
Regierung

Der andere Grund war die Entzweiung der Siegermächte. Nach kurzer Zeit schon zerbrach die Anti-Hitler-Koalition. Vor allem der sich rasch entwickelnde weltpolitische Ost-West-Gegensatz machte alle Gemeinsamkeiten zwischen den Alliierten zunichte. Der Riss in der Welt ging mitten durch Deutschland.

Wer war in den Nürnberger Prozessen angeklagt?

Die gerichtliche Aufarbeitung der nationalsozialistischen Verbrechen begann im Oktober 1945 in Nürnberg, also in der Stadt, in der die NDSAP ihre Reichsparteitage abgehalten hatte.

Die Angeklagten waren führende Persönlichkeiten des Dritten Reiches aus Politik, Wirtschaft, SS, Polizei, Ärtzteschaft und Wehrmacht. Für die 13 Prozesse, die zwischen 1945 und 1949 in Nürnberg vor dem Internationalen Militär*tribunal* (IMT) sowie amerikanischen Gerichten stattfanden, bürgerte sich die Sammelbezeichnung Nürnberger Prozesse ein. Sie stellten den neuartigen Versuch dar, mit juristischen Mitteln die Taten eines Kriegsgegners zu bestrafen, die nach dem Verständnis der Sieger als Verbrechen einzustufen waren: Verbrechen gegen den Frieden (Planung und Durchführung eines Angriffskrieges), Kriegsverbrechen, Verbrechen gegen die Menschlichkeit und Mitgliedschaft in verbrecherischen Organisationen.

Tribunal Gericht

Im Mittelpunkt stand das Verfahren gegen den ehemaligen Reichsmarschall Hermann Göring und 23 weitere Hauptkriegsverbrecher sowie sechs Organisationen. Am 1. Oktober 1946 ergingen die Urteile: zwölfmal Todesstrafe (unter anderem auch Göring), dreimal lebenslängliche Haftstrafe und vier zeitliche Haftstrafen, drei Freisprüche. Ein Angeklagter hatte zu Prozessbeginn Selbstmord begangen, ein weiterer galt als verhandlungsunfähig.

Außer Göring, der Giftselbstmord beging, und Bormann, der verschollen war, wurden alle zum Tod verurteilten Täter am 16. Oktober 1946 hingerichtet.

Die Nürnberger Prozesse sind vielfach als „Siegerjustiz" kritisiert worden, vor allem weil deutsche Richter ausgeschlossen waren und alliierte Kriegsverbrechen ausgeklammert blieben. Dennoch sind der moralische Wert und der Nutzen der Gerichtsverfahren für die historische Forschung unbestritten.

Die Nachkriegszeit

Im 1. Weltkrieg hatten sich die Unabhängigen Sozialisten von der SPD abgespalten. Aus ihnen war bald die Kommunistische Partei (KPD) hervorgegangen, die sich an den russischen Bolschewisten orientierte.

Wie entstand die SED?

Die Spaltung der sozialistischen Bewegung war als einer der Gründe erkannt worden, warum es Hitler gelungen war, an die Macht zu kommen: Weil seine schärfsten Gegner sich untereinander zerfleischten.

Bolschewist Mitglied der kommunistischen Partei Russlands

Das sollte nicht wieder geschehen. So gab es während des Dritten Reiches und danach durchaus den Wunsch bei Sozialdemokraten und Kommunisten, den Bruderkrieg einzustellen. Vor allem war das bei denen der Fall, die die Erfahrung gemeinsamer Haft in den KZs der Nationalsozialisten gemacht hatten.

Doch in der Nachkriegszeit brachen die alten Gegensätze wieder auf. In den westlichen Besatzungszonen jedenfalls fanden SPD und KPD nicht zusammen. Hier wurden radikale Vorstellungen von links, wie etwa die Forderungen nach Enteignung und Verstaatlichung unterbunden.

Die Sowjets dagegen förderten in ihrer Zone die Tätigkeit der Kommunisten ganz besonders, und hier kam es auch zur Vereinigung von KPD und SPD zur Sozialistischen Einheitspartei (SED). Auf einer Feier im Berliner Admiralspalast am 21./22. April 1946 wurde sie durch Händedruck der beiden Vorsitzenden Pieck (KPD) und Grotewohl (SPD) besiegelt. Von der ursprünglich vereinbarten Aufteilung der Leitungsfunktionen blieb allerdings wenig übrig. In den nächsten Jahren setzten sich unter dem Druck der sowjetischen Militärverwaltung überall in der SED die Kommunisten durch, die den Sowjets treu ergeben waren.

Die Nachkriegszeit

Wann wurde die D-Mark eingeführt?

Die Siegermächte hatten eine Zentralregierung für Deutschland eingesetzt, den Alliierten Kontrollrat. Gleichzeitig aber wirtschafteten sie selbstständig in ihren jeweiligen Besatzungszonen.

Marktwirtschaft
Wirtschaftsform, in der der Staat in die wirtschaftlichen Vorgänge kaum eingreift

Planwirtschaft
Wirtschaftsform, in der der Staat bestimmt, was und wie viel produziert wird

Das taten sie natürlich so, wie es ihren heimischen Verfassungen entsprach, also demokratisch-*marktwirtschaftlich* in den westlichen Zonen, bolschewistisch-*planwirtschaftlich* in der sowjetischen Zone. Als der US-Außenminister George Marshall im Juni 1947 ein Programm zum Wiederaufbau Europas vorlegte, nahmen nur die Staaten Westeuropas und die drei westlichen Besatzungszonen die Milliardenkredite aus den Vereinigten Staaten an. Den mittlerweile von Moskau abhängigen Staaten Osteuropas und der sowjetischen Besatzungszone verbot Stalin, finanzielle Hilfe entgegenzunehmen.

Um den Marshall-Plan in Deutschland umzusetzen, wurde die fast wertlose Reichsmark abgeschafft und durch die D-Mark ersetzt. Am 20. Juni 1948 erhielt jeder Westzonen-Bewohner ein Kopfgeld von 40 DM, Guthaben wurden im Verhältnis 100 RM = 6,50 DM umgestellt. Die Währungsreform hatte durchschlagenden Erfolg: Plötzlich waren die Läden gefüllt, der Schwarzmarkt löste sich auf.

Den Sowjets blieb nichts übrig, als in ihrer Zone gleichfalls eine Geldumstellung zu veranstalten. Zum Zankapfel wurde die Währungsreform in Berlin. Die Kommandanten der Westsektoren der Stadt hatten die D-Mark eingeführt und weigerten sich, eine Umstellung nach östlichem Muster vorzunehmen. Daraufhin blockierten die Sowjets alle Zufahrtswege nach Westberlin. Elf Monate lang wurden die Westsektoren durch Flugzeuge versorgt.

Die Flugzeuge, mit denen Westberlin während der Blockade versorgt wurden, nannte man auch „Rosinenbomber".

Die Nachkriegszeit

Wegen der Auseinandersetzungen um den Marshall-Plan hatten die sowjetischen Vertreter im März 1948 den Alliierten Kontrollrat verlassen, und es sah auch nicht danach aus, als würden sie je zurückkehren.

Wie entstand das Grundgesetz?

In dieser Situation beschlossen die Westmächte, wenigstens aus ihren Zonen einen Staat zu bilden, für den die Deutschen selbst Verantwortung übernehmen sollten.

Die westlichen Besatzungszonen waren inzwischen in elf kleinere Länder aufgeteilt worden, die eigene Länderparlamente besaßen. Aus diesen wurden insgesamt 65 Abgeordnete entsandt, die sich in der Bonner Pädagogischen Akademie zu Beratungen über eine neue Verfassung trafen. Man sagte allerdings nicht Verfassung, sondern Grundgesetz, und das beratende *Gremium* hieß auch nicht Nationalversammlung, sondern Parlamentarischer Rat – anders als bei der triumphalen Reichsgründung von 1871 und beim Neuanfang nach dem Ersten Weltkrieg sollte im neuen Staatswesen alles bescheiden und vorläufig wirken.

Nach acht Monaten Beratungen wurde das Grundgesetz am 23. Mai 1949 verabschiedet. Nach Aussage seiner *Präambel* sollte es nur für eine Übergangszeit gelten – bis Deutschland wieder vereinigt sein würde. Es enthielt jedoch auch den Anspruch, im Namen aller Deutschen (also auch der Bürger in der Ostzone) verfasst worden zu sein.

Der CDU-Politiker Konrad Adenauer (1876–1967), der die Sitzungen des Parlamentarischen Rates geleitet hatte, wurde nach dem Sieg seiner Partei bei den ersten Bundestagswahlen (14. August 1949) auch zum Regierungschef der neuen Bundesrepublik Deutschland gewählt. Mit der denkbar knappsten Mehrheit von einer Stimme – seiner eigenen.

Gremium
eine beratende Gruppe

Präambel
feierliche Einleitung einer Verfassungsurkunde

Wann wurde die DDR gegründet?

In Ostberlin wurde im Dezember 1947 ein angeblich gesamtdeutscher „Volkskongress für Einheit und gerechten Frieden" gegründet. Die 2 200 Gesandten stammten allerdings zumeist aus der sowjetisch besetzten Zone.

Die Delegierten waren nicht gewählt, sondern von Parteien (der SED sowie den scheinselbstständigen „Blockparteien" CDU, LDPD, NDPD, Bauernpartei, Verbänden und Massenorganisationen) entsandt worden. Der SED-Einfluss wurde auf den folgenden Tagungen des Volkskongresses immer stärker. Im März 1948 rief man einen Deutschen Volksrat ins Leben, der eine republikanische Verfassung entwarf. Diese wurde am 19. März 1949 verabschiedet. Der Volksrat rief dazu auf, am 15. und 16. Mai einen neuen Volkskongress zu wählen, der als allgemeine Volksvertretung des neuen Staates gelten sollte.

Funktionär
führendes Mitglied eines Verbandes oder einer Partei

Staatspräsident wurde Wilhelm Pieck, Ministerpräsident Otto Grotewohl. Die tatsächliche Macht lag jedoch beim SED-Chef Walter Ulbricht (1893-1973).

Bei der Wahl ging es nicht mit rechten Dingen zu: Die Bürger konnten weder Parteien noch Personen wählen, sondern nur Ja oder Nein zu einer bereits vorgefertigten Einheitsliste sagen. Als sich bei der Auszählung ein Sieg des Nein abzeichnete, erging die Anordnung, ungültige Stimmen (und davon gab es viele) als Ja-Stimmen zu werten. Auf diese Weise kam die Einheitsliste gerade eben durch. Der neue Volkskongress setzte wiederum einen Volksrat aus *Funktionären* der Blockparteien und Massenorganisationen ein, der die Verfassung bestätigte. Man wartete mit der Staatsgründung ab, bis die der Bundesrepublik vollzogen war (um diese als „Spalterin" bezeichnen zu können). Erst am 7. Oktober trat der Volksrat, der sich nun Volkskammer nannte, zusammen und rief die Deutsche Demokratische Republik (DDR) aus.

Die Nachkriegszeit | 110

In Westdeutschland folgte der Währungsreform vom Juni 1948 ein atemberaubender wirtschaftlicher Aufschwung. Bereits in der zweiten Hälfte des Jahres 1948 steigerte sich die industrielle Erzeugung um fünfzig Prozent.

War das „Wirtschaftswunder" ein Wunder?

Auch für private Bedürfnisse fiel einiges ab. Die Menschen konnten sich etwas leisten, und sie kauften ein. Wissenschaftler sprachen von „Wellen", um das *Konsum*verhalten zu beschreiben. Zuerst kam die Fresswelle – erst mal satt werden! Dann die Kleidungswelle – das abgetragene Vorkriegszeug loswerden, nie wieder Uniform tragen! Die Einrichtungswelle – Ersatz für die von den Bomben zerstörten Möbel und Haushaltsgegenstände schaffen! Und später die Autowelle und die Reisewelle … Die Bundesrepublik wurde Wirtschaftswunderland.

Vieles kam zusammen, um das Wunder zu bewirken: Durch den Marshall-Plan wurde der industrielle Wiederaufbau finanziert. Die Kriegszerstörungen und der Abtransport von Industrieanlagen in die Siegerländer wirkten geradezu als Segen, da nun nagelneue Maschinen angeschafft werden konnten. Die Gewerkschaften hielten sich mit Lohnforderungen zurück, die Unternehmer steckten die Erträge sofort in den Ausbau und die Modernisierung ihrer Betriebe. Aus der DDR kamen ständig gut ausgebildete Arbeitskräfte: Jährlich verließen tausende von Akademikern und Facharbeitern das „Paradies der Werktätigen", das eben kein Paradies war. Die DDR kam mit der Planwirtschaft nicht zurecht und blieb weit hinter der Entwicklung in der Bundesrepublik zurück. Entscheidend aber war der Aufbauwille. Die Menschen wollten sich von der Not und dem Elend des Krieges und der Nachkriegszeit befreien.

Konsum
Verbrauch von Nahrungs- und Genussmitteln

Die Nachkriegszeit

Was ist unter Wiedergutmachung zu verstehen?

Der millionenfache Mord an den europäischen Juden war nicht zu sühnen. Aber immerhin gelang den Politikern der Bundesrepublik eine Geste: Sie trafen mit Israel ein Abkommen über materielle Entschädigung.

Es ging um die Überlebenden: Zum einen um die 500 000 jüdischen Flüchtlinge, die aufgrund nationalsozialistischer Verfolgung ihre Heimat hatten verlassen müssen und in Israel Zuflucht gesucht hatten. Für ihre Eingliederung in den jungen Staat waren große Geldsummen notwendig. Zum anderen um Not leidende jüdische Opfer des Nationalsozialismus, die außerhalb Israels wohnten.

Zu ersten Kontakten zwischen Israel und den beiden deutschen Staaten kam es im Frühjahr 1951. Die DDR ließ wissen, sie hätte mit den Verbrechen des Hitler-Regimes nichts zu tun und fühle sich zu Ersatzleistungen keineswegs verpflichtet. Die Bundesregierung dagegen stellte sich ihrer historischen Verantwortung.

Im März 1952 trafen sich Beauftragte der Bundesregierung und Vertreter des Staates Israel sowie der ausländischen jüdischen Organisationen zu Verhandlungen. Es wurde schließlich eine Entschädigungssumme von 3,45 Milliarden Mark vereinbart, die zum größten Teil in Warenlieferungen erfolgte.

Dafür war Wiedergutmachung eigentlich nicht das passende Wort, aber so hat es sich eingebürgert. Weltweit bekam die Bundesrepublik große Aufmerksamkeit für ihre Aktion. Selbst aus Israel, wo lange darüber debattiert wurde, ob das deutsche Angebot anzunehmen sei, kam schließlich Zustimmung und Anerkennung.

Im September 1951 erklärte Bundeskanzler Adenauer im Parlament: „Die Bundesregierung und mit ihr die große Mehrheit des deutschen Volkes sind sich des unermesslichen Leides bewusst, das in der Zeit des Nationalsozialismus über die Juden in Deutschland und in den besetzten Gebieten gebracht wurde."

Die Nachkriegszeit

Was geschah am 17. Juni 1953?

Anfang der 1950er-Jahre hatte sich in der DDR die Diktatur der SED weitgehend durchgesetzt. Vor diesem Hintergrund beschloss die 2. Parteikonferenz der SED im Juli 1952 den „planmäßigen Aufbau des Sozialismus".

Im Mittelpunkt stand die Schwerindustrie (also zum Beispiel Stahlindustrie und Bergbau). Die viel dringlichere Herstellung von Produkten für das tägliche Leben wurde vernachlässigt. Stattdessen wurde den Arbeitern immer mehr abverlangt: Was und wie viel sie zu leisten hatten, wurde in Form von so genannten Normen festgesetzt. Diese Ziele wurden ständig erhöht, ohne dass sich am kümmerlichen Lebensstandard der Werktätigen etwas änderte.

Da platzte der Bevölkerung der Kragen. Am 16. Juni begannen die Demonstrationen, am 17. Juni waren überall in der DDR die Menschen auf den Straßen. Zuerst hieß die Losung noch: „Nieder mit den Normen!" Bald aber ertönten andere Parolen: „Wir fordern freie, geheime Wahlen!" Man stürmte die Gefängnisse und befreite politische Häftlinge und demolierte die Büros der SED.

Die Besatzungsmacht ließ ihre Schützlinge nicht im Stich: Sowjetische Panzer fuhren in den Straßen auf und machten dem Aufstand mit Gewalt ein Ende. Nach offiziellen Angaben kamen dabei 25 Menschen ums Leben, vermutlich waren es jedoch 300–400.

Die DDR-Führung, die sich während des Aufstands unsichtbar gemacht hatte, veranstaltete danach Strafprozesse gegen 1 152 Beteiligte. Die Urteile lauteten auf insgesamt 4 000 Jahre Haft.

In der Bundesrepublik wurde der 17. Juni zum Nationalfeiertag erklärt und bis 1990 als „Tag der deutschen Einheit" begangen.

113 | Die Nachkriegszeit

Wie kam es zur Gründung der Bundeswehr?

Im In- und Ausland bedeutete es einen großen Schock, als die Wiederbewaffnungsdebatte begann. Deutschland, eben noch als Kriegstreiber gebrandmarkt, sollte schon wieder Waffen bekommen!

Das war nicht der Wunsch Deutschlands, sondern der einstigen Kriegsgegner. Lange und erbittert wurde im Bundestag diskutiert. Die Stimmen der Gegner einer Wiederbewaffnung waren dabei lauter und eindringlicher als die der Befürworter. Innenminister Gustav Heinemann (1899–1976), später Bundespräsident, schied deswegen sogar aus der Regierung aus. Gott habe den Deutschen zweimal die Waffen aus der Hand geschlagen, sagte er. Ein drittes Mal dürften sie sie nicht ergreifen.

Hintergrund der Debatte war der Krieg in Korea 1950–53. Der kommunistische Norden hatte versucht, den westlich orientierten Süden des Landes zu erobern, und war von Amerikanern, Briten und anderen nur mit größter Mühe zurückgedrängt worden. Es blieb die Gefahr, dass die kommunistischen Staaten auch Westeuropa angreifen könnten. Die Verteidigungsgemeinschaft der *NATO*, unter Führung der USA 1949 gegründet, hielt eine Teilnahme der Bundesrepublik für unerlässlich. Das sollte zunächst im Rahmen einer Europäischen Verteidigungsgemeinschaft geschehen. Als diese am Widerstand Frankreichs scheiterte, fand man Ersatz: Mit den Pariser Verträgen vom 23. Oktober 1954 wurde der Bundesrepublik die Mitgliedschaft in der NATO eröffnet.

Die Westmächte versüßten der Bundesrepublik den Eintritt in ihr Verteidigungsbündnis mit der Beendigung des Besatzungsregimes und der Gewährung der Souveränität. Am 5. Mai 1955 trat diese in Kraft.

NATO (North Atlantic Treaty Organization) militärisches Verteidigungsbündnis zwischen europäischen Staaten und Nordamerika

Die Nachkriegszeit

Während in Westdeutschland leidenschaftlich um das Für und Wider der Wiederbewaffnung gerungen wurde, war man in Ostdeutschland in aller Stille dabei, eine Armee aufzustellen.

Was war der Warschauer Pakt?

Sie hieß die Kasernierte Volkspolizei. Im Unterschied zur leicht bewaffneten „normalen" Volkspolizei, die es seit Juli 1945 gab, übte die kasernierte mit schweren Waffen und Gerät aus Sowjetbeständen, trug Uniformen, die den sowjetischen ähnelten, und hatte militärische Dienstgrade eingeführt.

Am 14. Mai 1955 schlossen sich die von der Sowjetunion (UdSSR) abhängigen Ostblockstaaten zu einem Militärbündnis zusammen, dem Warschauer Pakt, der das Gegenstück zur NATO darstellte. Die Führungsrolle der UdSSR war darin klar festgelegt: Das Moskauer Verteidigungsministerium legte fest, wie sich die Paktstaaten zu verhalten hatten.

Die DDR brachte ihre Kasernierte Volkspolizei als Beitrag in das Militärbündnis ein. Sie war inzwischen angewachsen auf 100 000 Mann Heerestruppen und je 9 000 Mann Luftwaffe und Marine. Im Januar 1956 lüftete die Führung auch für das Ausland den Schleier über der geheimnisvollen Organisation: Sie hieß fortan Nationale Volksarmee.

Zusätzlich existierten in der DDR noch weitere bewaffnete Verbände: die so genannten Betriebskampfgruppen oder „Kampfgruppen der Arbeiterklasse" (so die Bezeichnung seit 1956), die vor allem aus der Belegschaft von Großbetrieben rekrutiert wurden und ungefähr 400 000 Mann stark waren. Sie waren 1952 eingeführt und nach den peinlichen Erfahrungen des 17. Juni 1953 verstärkt worden. Das Regime erhoffte sich von ihnen einen Schutz des Staates bei inneren Unruhen.

Wann wurde der Grundstein für die europäische Einigung gelegt?

„Wir müssen eine Art vereinigter Staaten von Europa errichten" - das hatte Winston Churchill bereits im September 1946 gefordert. Einsichtige Nachkriegspolitiker nahmen den Gedanken auf.

Der erste Stichtag auf dem Weg zu einem vereinten Europa wurde der 5. Mai 1949. Zehn Länder schlossen sich zum Europarat zusammen, der seinen Sitz in Straßburg nahm. „Schutz und Förderung der Ideale und Prinzipien, die ihr gemeinsames Erbe sind", war die leitende Idee der Gründerstaaten.

Der nächste Schritt geschah mit der Bildung der so genannten Montanunion. Frankreich, die Benelux-Staaten (Belgien, Niederlande, Luxemburg), Italien und die Bundesrepublik vereinbarten die Abschaffung von Zöllen für Kohle und Stahl und die Einrichtung einer gemeinsamen Behörde, die über Produktion, Verteilung und Firmenzusammenschlüsse bestimmen sollte. Die „Europäische Gemeinschaft für Kohle und Stahl", so der offizielle Titel, funktionierte so gut, dass eine Einigung Europas auf weiteren Gebieten der Wirtschaft ins Auge gefasst wurde.

Die Sechsergemeinschaft beschloss 1955, einen gemeinsamen Markt für ihre Erzeugnisse zu schaffen. Die „Europäische Wirtschaftsgemeinschaft", kurz EWG, wurde am 25. März 1957 in Rom aus der Taufe gehoben. Schrittweise fielen in der EWG die Binnenzölle, wurden Hindernisse für den freien Austausch von Personen, Dienstleistungen und Kapital abgebaut, fanden die Staaten zu einer gemeinsamen Landwirtschaftspolitik. Immer mehr Staaten schlossen sich an. Von der EWG mit ihren rein wirtschaftlichen Zielen ging es weiter zu den bereits politisch geprägten Zusammenschlüssen Europäische Gemeinschaft (EG, 1967) und Europäische Union (EU, 1994).

Die Nachkriegszeit

Der innerdeutsche Flüchtlingsstrom von Ost nach West wollte nicht aufhören. Die Zahlen sprachen eine deutliche Sprache: Mehr als 200 000 Menschen hatten im Jahr 1960 die DDR verlassen.

Was geschah am 13. August 1961?

Insgesamt waren es seit 1949 zweieinhalb Millionen, Tendenz steigend. Was das Regime besonders erschreckte: Nicht so sehr die Alten machten sich davon, sondern die Jungen und Leistungsfähigen, Leute mit guter Ausbildung, deren Arbeitskraft dem Staat verloren ging.

Die meisten setzten sich über Westberlin ab, weil es dort noch am leichtesten ging. Man bestieg die S-Bahn und war nach kurzer Fahrt auf der anderen Seite der Grenze. Im März 1961 verlangte SED-Chef Walter Ulbricht auf einer Konferenz des Warschauer Paktes die Erlaubnis, das Schlupfloch in Berlin dichtzumachen. Ulbricht erhielt grünes Licht aus Moskau. In der Nacht zum 13. August marschierten in Ostberlin Truppen auf, in deren Schutz Stacheldrahtverhaue errichtet werden. Baukolonnen rückten nach, in den nächsten Wochen wurde quer durch Berlin eine Mauer hochgezogen. Die Grenztruppen, die sie bewachten, erhielten Schießbefehl, und sie befolgten ihn. Am 25. August wurde der erste Flüchtling an der Mauer erschossen.

Nach Behauptung der Ost-Propaganda sollte dieser „Schutzwall" westliche Agenten und Spione am Betreten der DDR hindern. Dabei war klar, dass ihn eine Regierung errichtet hatte, der das Volk wegzulaufen drohte. Noch während der Bauarbeiten konnten hunderte fliehen, dann aber versiegte der Strom. In den Jahren danach gelang es nur noch Einzelnen, die Mauer zu überwinden. Sie war Symbol der deutschen Teilung und stand 28 Jahre.

Was waren die „68er"?

Die Jugendlichen, die nach dem Krieg groß geworden waren, hatten über viele Dinge eine andere Meinung als ihre Eltern. Als sie damit an die Öffentlichkeit gingen, ernteten sie Unwillen und Abneigung.

Die Studenten, die Mitte der 1960er-Jahre gegen den Vietnamkrieg der Amerikaner, gegen die alten Strukturen an den Universitäten und gegen die Ausbeutung der Dritten Welt auf der Straße protestierten, wirkten wie eine Bedrohung – eine Bedrohung in einer Umgebung, die über die Zustände der Welt nicht nachdenken wollte und der Ordnung über alles ging.

Die neue Jugendbewegung war international, in Deutschland ging sie von Westberlin aus. Hier kam es auch zu den beiden Gewalttaten, die der Revolte in der Bundesrepublik mächtigen Schub verleihen sollten. Die erste geschah am 2. Juni 1967: Bei einer Demonstration gegen den Schah von Persien, der sich in Berlin auf Staatsbesuch befand, erschoss ein Polizist den Studenten Benno Ohnesorg. Der Polizist wurde später, weil er in Notwehr gehandelt haben sollte, freigesprochen, was die Erbitterung unter den Studenten nur noch vergrößerte.

Zehn Monate später, am 11. April 1968, wurde der Studentenführer Rudi Dutschke Opfer eines Attentats. Am Kurfürstendamm schoss ihn der Anstreicher Josef Bachmann nieder. Dutschke überlebte trotz schwerster Kopfverletzungen. Während er in der Klinik lag, tobten in Berlin und anderen deutschen Städten wildeste Straßenschlachten. Dutschke war in den Zeitungen des Axel-Springer-Verlages besonders verteufelt worden – nun blockierten tausende die Druckgebäude, um die Auslieferung von Springers Zeitungen zu verhindern.

Die Nachkriegszeit

Ein vereintes Deutschland

Wie begann die Annäherung zwischen den beiden deutschen Staaten?

Bereits Anfang der 1960er-Jahre wagte die damalige CDU-Bundesregierung mit Handelsverträgen und Kulturabkommen eine vorsichtige Öffnung nach Osten, nachdem sie in den vorangegangenen Jahren einseitig nach Westen orientiert gewesen war.

Aber erst die „Große Koalition" von CDU/CSU und SPD (1966–69) unter Bundeskanzler Kurt Georg Kiesinger wurde wirklich nach Osten aktiv und erreichte 1967 die Aufnahme diplomatischer Beziehungen mit Rumänien. Da sie sich aber weiterhin weigerte, die deutsche Zweistaatlichkeit anzuerkennen, blieb der Durchbruch aus. Der glückte erst der SPD/FDP-Koalitionsregierung unter Willy Brandt. Sie schloss 1970 Abkommen mit der Sowjetunion und Polen sowie 1972 mit der DDR („Grundlagenvertrag"). Einer Aufnahme beider deutscher Staaten in die *Vereinten Nationen* stand danach nichts mehr im Wege. Am 18. September 1973 wurde sie vollzogen.

Die neue Ostpolitik, die die Teilung Deutschlands für die Bürger beider Staaten erträglicher machen sollte, trug nicht zuletzt zum triumphalen Wahlsieg Willy Brandts 1972 bei. Nachdem Klagen gegen die Ostverträge vom Bundesverfassungsgericht abgewiesen worden waren, setzte sich die Erkenntnis durch, dass es zum Versöhnungsprozess keine Alternative gab. Auch nachfolgende Regierungen verfolgten diese Politik der Aufweichung der Gegensätze. Frucht der Ostpolitik war schließlich die deutsche Einigung 1990.

Vereinte Nationen (United Nations) Organisation für Weltfrieden und internationale Sicherheit

Die Studentenbewegung der 68er hatte die Frage der Gewaltanwendung im politischen Kampf zumeist nur diskutiert. Eine Gruppe um Andreas Baader, Gudrun Ensslin und Ulrike Meinhof jedoch wollte Ernst machen mit dem bewaffneten Kampf gegen den Staat.

Was geschah im „deutschen Herbst"?

Als Rote Armee Fraktion (RAF) gingen sie 1970 in den Untergrund, das Führungstrio wurde aber bereits 1972 festgenommen. Fortan versuchten die übrigen Mitglieder, die Häftlinge freizupressen. 1977 kam es zum offenen Terror. Am 7. April wurde Generalbundesanwalt Siegfried Buback in Karlsruhe auf offener Straße erschossen, am 30. Juli der Bankier Jürgen Ponto in seinem Haus bei Frankfurt. Am 5. September entführte ein Kommando der RAF in Köln den Arbeitgeberpräsidenten Hanns Martin Schleyer. Dabei kamen Schleyers Fahrer sowie drei Polizisten ums Leben. Die Bundesregierung ging auf die Forderungen der Entführer nach Freilassung von insgesamt elf inhaftierten RAF-Mitgliedern nicht ein. Eine weitere Entführung, die mit der ersten in Zusammenhang stand, nämlich die einer Lufthansamaschine durch palästinensische Terroristen am 13. Oktober, wurde durch den Einsatz einer Spezialtruppe in Mogadischu (Somalia) gewaltsam beendet. Darauf reagierte die RAF mit der Ermordung Schleyers am 18. Oktober. Am gleichen Tag nahmen sich Baader und Ensslin sowie der mit ihnen im Gefängnis Stuttgart-Stammheim einsitzende Jan-Carl Raspe das Leben; die schwer kranke Ulrike Meinhof hatte bereits ein Jahr zuvor Selbstmord begangen. Die Ereignisse hatten einen politischen Ausnahmezustand zur Folge, der als „deutscher Herbst" in die Geschichte der Bundesrepublik einging.

Ab wann wurde die Kernenergie in Deutschland friedlich genutzt?

Welche Zerstörungskraft in der Kernenergie steckte, hatten die Atombomben von Hiroshima und Nagasaki 1945 bewiesen. Doch in Kernkraftwerken ließ sich auch Strom für private Haushalte erzeugen.

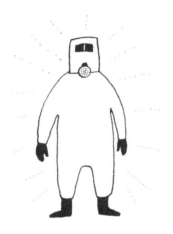

In Deutschland begann man 1957 im „Atommeiler" von Garching bei München mit den ersten Forschungsarbeiten. Im großen Stil wurde die Atomenergie aber erst seit der Ölkrise von 1973 ausgebaut. Die Liefersperre der arabischen Länder im Zusammenhang mit dem Jom-Kippur-Krieg gegen Israel hatte deutlich gemacht, wie wenig Verlass auf den Ölnachschub aus dem Nahen Osten war. Die Erzeugung von Atomenergie im eigenen Land schien da ein günstiger Ausweg zu sein. In rascher Folge entstanden Kernkraftwerke in Deutschland.

Kritiker machten aber auch auf die Risiken aufmerksam: Strahlenbelastung, Aufheizung von Flüssen, Reaktorunfälle bis hin zum Durchschmelzen des Reaktorkerns, hohe Kosten bei Stilllegung und die Unmöglichkeit einer sicheren Entsorgung der hoch radioaktiven Abfälle. Um Kernkraftwerke wie Brokdorf und Grohnde, den „Schnellen Brüter" Kalkar, die geplante und dann doch nicht gebaute Wiederaufbereitungsanlage Wackersdorf und das „Endlager" Gorleben sowie die „Castor"-Transporte mit Atommüll gab es erbitterte Auseinandersetzungen. Der Ausstieg aus der Kernenergie ist seither erklärtes Fernziel nicht nur der örtlichen Bürgerinitiativen und der Partei der Grünen, sondern auch von Teilen der SPD.

Die Regierungskoalition von SPD und FDP, geschlossen nach der Bundestagswahl 1969, war eine Sensation gewesen: Bisher hatte man die FDP eigentlich nur an der Seite der CDU gesehen.

Warum musste Bundeskanzler Schmidt abtreten?

Unter den Führungsgespannen Willy Brandt (SPD) und Walter Scheel (FDP) und später Helmut Schmidt und Hans-Dietrich Genscher hatte sich eine langjährige fruchtbare Zusammenarbeit entwickelt.

Im Herbst 1982 allerdings war es damit zu Ende. Um die Wirtschaft anzukurbeln und die Arbeitslosigkeit zu bekämpfen, legte die FDP „Leitlinien" vor, die Einschnitte ins soziale Netz und Lohnverzicht bedeuteten. Darauf wollte sich Kanzler Schmidt nicht einlassen. Die FDP nahm daher Fühlung zur CDU auf, um einen Machtwechsel vorzubereiten. Das Instrument, das dafür gewählt wurde, war das Misstrauensvotum. In der Weimarer Zeit war dies oftmals angewendet worden: Regierungen wurden ohne weiteres gestürzt, auch wenn sich hinterher niemand fand, der eine neue bilden konnte. Die Verfassung der Bundesrepublik erlaubte dies Mittel nur noch unter Vorbehalt: Wer eine Regierung stürzen wollte, musste eine neue präsentieren, die im Parlament eine Mehrheit besaß („konstruktives Misstrauensvotum").

Am 1. Oktober 1982 wurde im Bundestag abgestimmt: 256 Abgeordnete sprachen der Regierung das Misstrauen aus, 235 stimmten gegen den Antrag, vier enthielten sich. Kanzler Schmidt musste gehen, als Nachfolger wurde Helmut Kohl (CDU) gewählt, der eine Koalitionsregierung mit der FDP bildete. Bestätigt in den Wahlen von 1983, 1987, 1990 und 1994, sollte er es auf eine Amtszeit von insgesamt 16 Jahren bringen.

123 | Ein vereintes Deutschland

Wo liegen die Anfänge der Partei „Die Grünen"?

Ein ungewohntes Bild im Deutschen Bundestag von 1983: Da sitzen in der ersten Reihe zwei Frauen, Petra Kelly und Marie Luise Beck-Oberdorf. Und der große Blumenstrauß vor ihnen macht klar: Wir sind anders als ihr alle hier!

Es waren frisch gewählte Abgeordnete der Grünen, die sich auf diese Weise präsentierten. Die Partei war aus der „68er"-Bewegung (siehe Seite 118) hervorgegangen und hatte sich besonders für den Umweltschutz und den Kampf gegen die Atomenergie eingesetzt. Der Erhalt der natürlichen Lebensgrundlagen war jedoch nicht ihr einziges Thema – ebenso entschieden wandten sich die Grünen gegen den Abbau von Sozialleistungen, gegen das Wettrüsten von Ost und West und gegen die Erstarrung der politischen Strukturen in der Bundesrepublik. „Ökologisch – basisdemokratisch – sozial – gewaltfrei" lautete die Selbstbeschreibung der Partei, die sich unter dem Symbol der Sonnenblume zusammenfand. Das Zusammenfinden gelang allerdings nur mit großen Mühen: In kaum einer Partei wurde so erbittert diskutiert wie bei den Grünen. Nur ganz langsam gewannen die Mitglieder die Oberhand, die nach Machtbeteiligung strebten. „Realos" nannte man sie, gegenüber den „Fundis", die auf grundlegender Opposition beharrten. Bei der Bundestagswahl von 1983 schafften die Grünen den Sprung über die *Fünfprozenthürde* und zogen mit 27 Abgeordneten ins Parlament ein. Bei der ersten gesamtdeutschen Wahl verloren sie allerdings wieder an Boden; in den neuen Bundesländern fanden Umweltthemen wenig Zuspruch. Nur dank des Zusammenschlusses mit dem ostdeutschen „Bündnis 90" kamen sie weiter. 1998 kamen sie als Koalitionspartner der SPD an die Macht.

Fünfprozentklausel
Um in das Parlament einziehen zu können, müssen Parteien mindestens fünf Prozent der Stimmen erhalten.

Ein vereintes Deutschland

Welche Forderungen hatten die Teilnehmer der Montagsdemonstrationen?

„Schwerter zu Pflugscharen" - das war die Parole der kirchlichen Friedensgruppen, die sich seit 1980 gegen die Stationierung sowjetischer Mittelstreckenraketen in der DDR wandten. Sie hatten sofort die Staatsmacht gegen sich.

Die Führung der DDR ließ es nicht einmal zu, dass sich einige Dutzend Leute mit Kerzen in der Hand versammelten. In der Leipziger Nikolaikirche fanden die Demonstranten eine Zufluchtsstätte. Hier wurde auch die Idee geboren, sich jeweils am Montag zu einem Friedensgebet zu versammeln. Daraus entwickelte sich eine ständige Einrichtung. Im Lauf des Jahres 1988 wurde das Montagsgebet zu einem Treffpunkt für Ausreisewillige. Und im folgenden Jahr war die Bewegung so weit erstarkt, dass sie den öffentlichen Protest auf der Straße wagen konnte.

Vom 4. September 1989 an versammelten sich an jedem Montag Leipziger Bürger, um ihre Forderungen nach Reformen, schließlich auch nach einem Ende der SED-Herrschaft vorzutragen. Von Woche zu Woche wurden es mehr, die zu den Montagsdemonstrationen kamen – in den Augen der DDR-Führung waren sie Chaoten, die nur auf Krawall aus waren.

Am Montag, dem 9. Oktober, zwei Tage nach den großen Feiern zum 40-jährigen Jubiläum der DDR, rief die Menge „Wir sind das Volk!" und forderte die Polizei auf, sich ihr anzuschließen. An diesem Tag entschied sich viel: Zwar zog die Polizei nicht mit, aber sie griff die Demonstranten auch nicht an. Das Blutbad, das viele befürchteten und das die Führung der DDR auch erwogen hatte – es fand nicht statt. Das war ein wichtiger Meilenstein auf dem Weg zur friedlichen Revolution.

125 | *Ein vereintes Deutschland*

Wie kam es zur Maueröffnung?

Der Eiserne Vorhang, der so lange den Ostblock vom westlichen Europa abgeschirmt hatte, wurde im Sommer 1989 durchlässig. Die Grenze zwischen Österreich und Ungarn konnte auf einmal passiert werden.

DDR-Flüchtlinge erschienen in großer Zahl in den westdeutschen Botschaften in Warschau und Prag, um die Ausreise zu erzwingen. In den Städten der DDR demonstrierten Bürgerrechtsgruppen. Das Schlimmste für das SED-Regime aber war: Die Schutzmacht der DDR, die Sowjetunion, sah dem tatenlos zu. Ihr Regierungschef Gorbatschow mahnte sogar zu Reformen.

Wegen ihrer Undurchlässigkeit wurde die Grenze zwischen den westeuropäischen und den osteuropäischen Staaten auch als Eiserner Vorhang bezeichnet.

Das SED-Politbüro glaubte, die Krise bestehen zu können, indem es den Mann an der Spitze austauschte: Erich Honecker, seit 18 Jahren Staatsratsvorsitzender und SED-Generalsekretär, wurde am 18. Oktober zum Rücktritt gedrängt, Egon Krenz trat seine Nachfolge an. Der entließ einige der alten Weggefährten, darunter den Chef der Staatssicherheit, Erich Mielke. Aber das half nicht: Die revolutionäre Bewegung in der DDR konnten solche kleinen Zugeständnisse nicht besänftigen.

Am 9. November geschah das gänzlich Unvorhergesehene: SED-Politbüromitglied Günter Schabowski ließ in einem Interview beiläufig die Bemerkung fallen, Privatreisen ins Ausland könnten ohne Voraussetzungen beantragt werden. Die Nachricht verbreitete sich in Windeseile, noch am selben Abend strömte eine Menschenmenge aus Ostberlin an den verdutzten Grenzern vorbei auf Kurzbesuch in den Westen Berlins. Danach war klar, dass sich die Grenze nicht mehr sperren ließ. Den Pionieren vom 9. November folgten in den nächsten Tagen Millionen.

Ein vereintes Deutschland

Nach dem Fall der Mauer im November 1989 ging es in Riesenschritten vorwärts zur Wiedervereinigung. In weniger als einem Jahr wurde der Beitritt der DDR-Länder zur Bundesrepublik vollzogen.

Wie wurde aus zwei deutschen Staaten ein Deutschland?

Hätte die DDR als selbstständiger Staat auch nach dem Untergang des SED-Regimes bestehen können? Nicht wenige, vor allem in den Bürgerrechtsgruppen, hofften das. Aber schon bald wurde klar, dass an einer möglichst raschen Vereinigung der beiden deutschen Staaten schon aus wirtschaftlichen Gründen kein Weg vorbeiführte.

Nach den ersten freien Volkskammerwahlen am 18. März 1990 fanden daher Gespräche über die vertragliche Ausgestaltung der Vereinigung statt. Umgehend verständigten sich die neue Regierung der DDR und die Bundesregierung auf die Herbeiführung einer Wirtschafts-, Währungs- und Sozialunion. Ab 1. Juli galt die D-Mark in ganz Deutschland. In atemberaubendem Tempo wurde der Einigungsvertrag ausgearbeitet, sodass er am 31. August unterzeichnet werden konnte.

Bevor es zum Beitritt der fünf neuen Bundesländer Mecklenburg-Vorpommern, Brandenburg, Sachsen-Anhalt, Sachsen und Thüringen kam, mussten noch die außenpolitischen Hemmnisse aus dem Weg geräumt werden. Das geschah in Verhandlungen mit den vier Siegermächten des Zweiten Weltkrieges. Am 12. September 1990 unterzeichneten die Außenminister der Sowjetunion, der USA, Großbritanniens und Frankreichs einen Vertrag, der der Bundesrepublik volle Souveränität gab und die Rechte der Alliierten beendete. Die Wiedervereinigung Deutschlands am 3. Oktober 1990 zog einen offiziellen Schlussstrich unter 45 Jahre deutsche Nachkriegsgeschichte.

Die Verhandlungen zwischen den beiden deutschen Staaten und den vier Siegermächten nennt man auch Zwei-plus-Vier-Gespräche.

Zeittafel

375
Hunnen dringen über Wolga und Donau nach Westen vor.
Zerstörung des Gotenreiches, Beginn der Völkerwanderung

482-511
Chlodwig I. gründet das Frankenreich

732
Karl Martell siegt bei Tours und Poitiers über die Araber

800
Kaiserkrönung Karls des Großen in Rom

843
Teilungsvertrag von Verdun

919
Der Sachsenherzog Heinrich wird zum König gewählt.
Beginn der deutschen Reichsgeschichte

933
Sieg Heinrichs I. über die Ungarn bei Riade an der Unstrut

955
Otto I. der Große besiegt die Ungarn auf dem Lechfeld bei Augsburg

1046
Synode von Sutri: Heinrich III. setzt drei Päpste ab

1075
Beginn des Investiturstreits

1077
Bittgang Heinrichs IV. nach Canossa

1095
Papst Urban II. ruft in Clermont zur Befreiung des Heiligen Grabes auf

1099
Die Kreuzfahrer erobern Jerusalem

1122

Wormser Konkordat beendet den Investiturstreit

1158

Reichstag auf den Ronkalischen Feldern zur Wahrung der Reichsrechte in Oberitalien

1176

Niederlage Kaiser Friedrichs I. Barbarossas bei Legnano gegen die Lombarden

1184

Mainzer Pfingstfest. Das staufische Kaisertum auf der Höhe seines Ansehens

1190

Friedrich I. Barbarossa, Führer des dritten Kreuzzuges, ertrinkt in Kleinasien

1198

Bestätigung der Statuten des Deutschen Ordens durch Papst Innozenz III.

1212

Kinderkreuzzug

1214

Schlacht von Bouvines: Philipp II. August von Frankreich besiegt Kaiser Otto IV. und seine englischen Verbündeten

1220-1230

Aufzeichnung des Rechtsbuches „Sachsenspiegel"

1250

Tod des Stauferkaisers Friedrich II.

1273

Wahl Rudolfs von Habsburg beendet das seit dem Tod des Staufers Konrad IV. (1254) bestehende „Interregnum" (Zwischenherrschaft)

1348-1350

Pest in Europa

1356

„Goldene Bulle" Karls IV. regelt die Stellung der Kurfürsten

1370

Friede von Stralsund. Die Hanse auf dem Höhepunkt ihrer Macht

1386
Sieg der Schweizer bei Sempach über ein Heer der Habsburger

1402
Hinrichtung des Seeräubers Klaus Störtebeker

1410
Niederlage des Deutschen Ordens gegen Polen und Litauer bei Tannenberg

1414-1418
Konzil von Konstanz

1495
Reichstag zu Worms verkündet den „Ewigen Landfrieden"

1517
Thesenanschlag Martin Luthers in Wittenberg

1521
Luther auf dem Reichstag in Worms

1522
Übersetzung des Neuen Testaments

1525
Großer Bauernkrieg

1530
Augsburger Bekenntnis

1547
Karl V. besiegt die Protestanten bei Mühlberg

1555
Augsburger Religionsfriede zwischen Lutheranern und Katholiken

1618
Prager Fenstersturz, Beginn des Dreißigjährigen Krieges

1620
Schlacht am Weißen Berg. Ende des böhmischen Aufstands

1631
Sieg Gustav Adolfs bei Breitenfeld

Zeittafel | *130*

1634
Ermordung Wallensteins

1648
Westfälischer Friede

1675
Sieg des Großen Kurfürsten über die Schweden bei Fehrbellin

1683
Belagerung Wiens durch die Türken

1685
Ansiedlung der Hugenotten in Preußen

1740-1786
Friedrich II. der Große, König von Preußen

1763
Friede von Hubertusburg beendet den Siebenjährigen Krieg

1789
Ausbruch der Revolution in Frankreich

1792
Unentschiedene Kanonade von Valmy

1803
„Reichsdeputationshauptschluss": territoriale Neugestaltung des Deutschen Reiches

1806
Franz II. legt die Kaiserkrone nieder

1807
Bauernbefreiung in Preußen

1813
Völkerschlacht von Leipzig

1814/1815
Wiener Kongress

1817
Wartburgfest der deutschen Studenten

131 | *Zeittafel*

1819
Karlsbader Beschlüsse

1832
Hambacher Fest

1848
Nationalversammlung in der Frankfurter Paulskirche

1862
Bismarck wird preußischer Ministerpräsident

1864
Deutsch-Dänischer Krieg

1866
Deutscher Krieg

1870/1871
Deutsch-Französischer Krieg

1878
Sozialistengesetz

1890
Entlassung Bismarcks

1914-1918
Erster Weltkrieg

1919
Nationalversammlung in Weimar. Friedensvertrag von Versailles

1920
Kapp-Putsch

1923
Ruhrbesetzung. Hitler-Putsch in München

1926
Vertrag von Locarno

1933
Hitler zum Reichskanzler ernannt, „Machtergreifung"

1938
„Anschluss" Österreichs

1939-1945
Zweiter Weltkrieg

1945
Potsdamer Abkommen

1948
Währungsreform in den Westzonen

1949
Gründung der Bundesrepublik und der DDR

1953
Volksaufstand in der DDR

1955
Pariser Verträge. Beitritt der Bundesrepublik zur NATO

1956
Beitritt der DDR zum Warschauer Pakt

1961
Bau der Berliner Mauer

1968
Verabschiedung der Notstandsgesetze

1969
Bildung der sozialliberalen Koalition (Brandt/Scheel)

1970
Neue Ostpolitik: Moskauer und Warschauer Verträge

1982
Kohl löst Schmidt als Kanzler ab

1989
Fall der Berliner Mauer

1990
Beitritt der Länder der DDR zur Bundesrepublik Deutschland

Stichwortverzeichis

Ablasshandel 34
Absolutismus 47
Adenauer, Konrad (1876–1867),
    Bundeskanzler 109, 112
Alemannen 13 f.
Alliierter Kontrollrat 108
Angelsachsen 16
Antisemitismus 90
Attlee, Clement (1883–1967), brit. Premier-
    minister (1945–1951) 104
Augsburg, Reichstag von (1555) 39
Augsburg, Reichstag von (1530) 35
Augsburger Bekenntnis 35
Augsburger Religionsfriede 39
Augsburgische Konfession 35
Auschwitz, Vernichtungslager 97

Baader, Andreas (1944–1977) 121
Baiern 13
„Barbarossa", Unternehmen
    (Russlandfeldzug) 94
Bartholomäusnacht 48
Bauernbefreiung 55
Bauernkrieg (1525) 38
Bauernpartei 110
Bedingungslose Kapitulation 99
Berliner Blockade 108
Berliner Mauer 117
Betriebskampfgruppen 115
Biedermeier 58
Bismarck, Otto von (1815–1898), Staatsmann
    62 ff., 67
Bonifatius (Winfried), angelsächs. Missionar
    (gest. 754) 16
Brandt, Willy (1913–1992), Bundeskanzler
    120, 123
Braun, Eva (1912–1945), Geliebte und für
    einen Tag Ehefrau Hitlers 99

Breitenfeld, Schlacht von 41
Briand, Aristide (1862–1932), frz. Politiker
    79
Brokdorf, Kernkraftwerk 122
Brunichilde (um 550–613), fränk. Königin
    14
Brüning, Heinrich (1885–1970), Reichs-
    kanzler 81 f.
Buback, Siegfried (gest. 1977), General-
    bundesanwalt 121
Buchenwald, KZ 85
Bundeswehr 114
Bündnis 90 124

Calvin, Johannes (1509–1564), Reformator
    48
Canossa 23
Castor-Transporte 122
CDU (Christlich-Demokratische Union)
    110, 120
Chelmno, Vernichtungslager 97
Childerich III., fränk. König (743–751) 14
Chlodwig I. , fränk. König (482–511) 13 f.
Christian IV., König von Dänemark
    (1596–1648) 41
Churchill, Winston (1874–1975), brit.
    Premierminister (1940–1945, 1951–1955)
    104, 116
Clemenceau, Georges (1841–1929), frz.
    Politiker 74
CSU (Christlich-Soziale Union) 120

Dachau, KZ 85
Dampfmaschine 59
Demagogenverfolgungen 58
Deutsche Arbeitsfront 87
Deutscher Bund 57 ff., 62
Deutscher Herbst 121

Deutscher Orden 27 f.

Deutscher Volksrat 110

Deutscher Zollverein 59

Deutsch-Sowjetischer Nichtangriffspakt 94

Dönitz, Karl (1891–1980), Großadmiral und Reichspräsident 99

Dreißigjähriger Krieg 40 ff.

Dutschke, Rudi (1940–1978), Studentenführer 118

DVP (Deutsche Volkspartei) 81

Ebert, Friedrich (1871–1925), sozialdemokrat. Politiker, Reichspräsident 72 f.

Ehrhardt, Hermann (1881–1971), Marineoffizier 75

Einsatzgruppen 97

Eisenbahn 59

Eiserner Vorhang 126

Emser Depesche 63

Ensslin, Gudrun (gest. 1977) 121

Entente 71

Ermächtigungsgesetz 86

Eugen, Prinz von Savoyen (1663–1736), Heerführer 46

Europäische Gemeinschaft (EG) 116

Europäische Union (EU) 116

Europäische Verteidigungsgemeinschaft (EVG) 114

Europäische Wirtschaftsgemeinschaft (EWG) 116

Europarat 116

Euthanasie 97

FDP (Freie Demokratische Partei) 120, 123

Ferdinand I., Kaiser (1556–1564) 39

Ferdinand II., Kaiser (1619–1637) 40

Ferdinand von Bayern, Erzbischof von Köln (1612–1650) 42

Flossenbürg, KZ 85

Flucht, Flüchtlinge 103

Franken 13–19

Frankreichfeldzug 93

Franz Ferdinand, Erzherzog von Österreich (1863–1914) 69

Franz I., König von Frankreich (1515–1547) 36

Franz II., Kaiser (1792–1806) 54

Fredegunde (um 550–587), fränk. Königin 14

Freikorps 75

Frick, Wilhelm (1877–1946), nationalsozialist. Politiker und Reichsminister 83

Friedensbewegung 125

Friedrich der Weise, Kurfürst von Sachsen (1486–1525) 35

Friedrich I. Barbarossa, dt. König (1152–1190), Kaiser (1155) 24

Friedrich II. der Große, König von Preußen (1740–1786) 47, 49 f.

Friedrich II., dt. König (1212–1250), Kaiser (1220) 25

Friedrich III., Kaiser (1888) 67

Friedrich V., Kurfürst von der Pfalz (1610–1623, gest. 1632) 40

Friedrich Wilhelm I., König von Preußen (1713–1740) 49

Friedrich Wilhelm IV., König von Preußen (1840–1861) 60 f.

Friedrich Wilhelm, der Große Kurfürst, von Brandenburg (1640–1688) 48

Friesen 16

Fugger, Jakob (1459–1525), Kaufmann und Bankier 36

Fünfprozentklausel 124

Garching, Kernreaktor 122

Gaskammern 97

Gegenreformation 40

Geißler 25

Genscher, Hans-Dietrich (geb. 1927), Bundesaußenminister 123

Germanen 12 f.

Gleichschaltung 86

Goebbels, Joseph (1897–1945), national-
sozialistischer Politiker und Reichsminister
95, 99
Goethe, Johann Wolfgang (1749–1832),
Dichter und Staatsmann 51
Goldene Bulle 30
Gorbatschow, Michail (geb. 1931),
Generalsekretär der KPdSU 126
Göring, Hermann (1893–1946), national-
sozialist. Politiker, Reichsminister und
Reichsmarschall 83, 106
Gorleben, nukleares Entsorgungszentrum
122
Gregor VII., Papst (1073–1085) 23
Grimmelshausen, Johann Jakob Christoffel
von (um 1621–1676), Schriftsteller 41
Grohnde, Kernkraftwerk 122
Große Koalition 120
Grotewohl, Otto (1894–1964),
sozialdemokrat. Politiker 107, 110
Grundgesetz (GG) 109
Grundlagenvertrag 120
Grünen, Die 122, 124
Grynszpan, Herschel (1921–1943?),
jüd. Attentäter 91
Gustav II. Adolf, König von Schweden
(1611–1632) 41

Habsburg 46
Hambacher Fest 60
Hanse 31
Hardenberg, Karl August Fürst von
(1750–1822), Staatsmann 55
Hausmeier 14
Heinemann, Gustav (1899–1976),
Bundespräsident 114
Heinrich der Vogeler, Herzog von Sachsen 19
Heinrich I., dt. König (919–936) 19
Heinrich IV., dt. König (1056–1106),
Kaiser (1084) 23
Heinrich VIII., König von England
(1509–1547) 36

Heringsfang 31
Hexenwahn 42
Hindenburg, Paul von Beneckendorff und
von (1847–1934), Generalfeldmarschall
und Reichspräsident 81 ff.
Hiroshima 122
Hitler, Adolf (1889–1945), nationalsozialist.
Politiker und Reichskanzler 78, 82 ff., 86,
88 ff., 92 ff., 94, 98 f.
Hitlerjugend (HJ) 89
„Hitlerjugend", SS-Panzerdivision 89
Hitler-Putsch 78
Hohenzollern 63
Holocaust 96 f.
Honecker, Erich (1912–1994),
DDR-Politiker 126
Hoover, Herbert (1874–1964), Präsident der
USA 103
Hugenotten 48
Humanismus 34
Hus, Johannes (1369–1415), tschech.
Reformator 33
Hussiten 33

Inflation 77
internationales Militärtribunal (IMT) 106
Investiturstreit 23

Jena und Auerstedt, Schlacht von 55
Johann Georg II. Fuchs von Dornheim,
Bischof von Bamberg 42
Johanniterorden 27 f.
Juden 55, 90 f., 96 f., 112
Judenstern 97

Kahlenberg, Schlacht am 46
Kalkar, Kernkraftwerk 122
Kapp, Wolfgang (1858–1922), konservativer
Politiker 75
Kapp-Putsch 75
Karl der Große, fränk. König (768–814),
Kaiser (800) 14 ff., 18 f., 36

Karl der Kahle, westfränk. König (843–877) 18

Karl V., Kaiser (1519–1556) 36, 39

Karl X., König von Frankreich (1824–1830) 60

Karlsbader Beschlüsse 58

Karolinger 14 ff., 16, 19

Kasernierte Volkspolizei 115

Katte, Hans Hermann von (1704–1730), preuß. Leutnant 49

KdF-Wagen 87

Kernenergie 122

Kiesinger, Kurt Georg (1904–1988), Bundeskanzler 120

Kinderkreuzzüge 27

Koalitionskrieg, Zweiter (1799–1802) 54

Kohl, Helmut (geb. 1930), Bundeskanzler 123

Kolin, Schlacht von 50

Königgrätz, Schlacht von 62

Konrad von Franken, dt. König (911–918) 19

Konrad von Masowien (gest. 1247) 28

Konradin, Herzog von Schwaben (gest. 1268) 25

Koreakrieg 114

Kotzebue, August von (1761–1819), Diplomat und Schriftsteller 58

KPD (Kommunistische Partei Deutschlands) 84, 86, 107

Kraft durch Freude (KdF) 87

Krenz, Egon (geb. 1937), DDR-Politiker 126

Kreuzzüge 26 f.

Kurfürsten 30

KZ (Konzentrationslager) 85, 91, 107

Langobarden 13

LDPD (Liberaldemokratische Partei Deutschlands) 110

Lebensraum-Ideologie 82

Lechfeld, Schlacht auf dem 22

Legnano, Schlacht von 24

Lehnswesen 17

Leo III., Papst (795–816) 15

Liebknecht, Karl (1871–1919), sozialist. Politiker 72

Liga, katholische 40

Locarno, Konferenz von 79

Lombardenbund 23

Lothar I., Kaiser (817/840–855) 18

Louis Philippe, König von Frankreich (1830–1848) 60

Lubbe, Marinus van der (1909–1934), niederländ. Anarchist 84

Ludwig (II.) der Deutsche, ostfränk. König (843–876) 18

Ludwig I., König von Bayern (1825–1848) 60

Ludwig XIV., König von Frankreich (1661–1715) 47 f., 64

Ludwig XVI., König von Frankreich (1774–1792) 51

Luftschlacht um England 93

Luther, Martin (1483–1546), Reformator 34 f., 38

Lutter am Barenberge, Schlacht von 41

Lüttwitz, Walther Freiherr von (1859–1942), General 75

Lützen, Schlacht von 41

Luxemburg, Rosa (1870–1919), sozialist. Politikerin 72

Maidanek, Vernichtungslager 97

Marne, Schlacht an der 70

Marshall, George C. (1880–1959), US-General und Politiker 108

Marshall-Plan 108 f., 111

Maschinenwebstuhl 59

Mauthausen, KZ 85

Max, Prinz von Baden (gest. 1929), Reichskanzler 72

Maximilian I., Kaiser (1493–1519) 36

Meinhof, Ulrike (1934–1977) 121

Merowinger 14

Metternich, Clemens Lothar Wenzel Fürst
 von (1773–1859), österreich. Staatsmann
 57 f.
Mission 16
Misstrauensvotum 138
Mittelmächte 71
Montagsdemonstrationen, Leipziger 125
Montanunion 116
Mühlberg an der Elbe, Schlacht von 39
Müller, Hermann (1876–1931),
 Reichskanzler 81

Nagasaki 122
Nantes, Edikt von 48
Napoleon I. Bonaparte, Kaiser der Franzosen
 (1804–1815) 54 ff.
Napoleon III., Kaiser der Franzosen
 (1852–1870) 63
Nationale Volksarmee (NVA) 115
NATO (North Atlantic Treaty Organization)
 114 f.
NDPD (Nationaldemokratische Partei
 Deutschlands) 110
Nikolaikirche Leipzig 125
Nikolaus, Führer eines Kinderkreuzzuges 27
Norddeutscher Bund 62
Normannen 25
Notverordnung 81
NSDAP (Nationalsozialistische Deutsche
 Arbeiterpartei) 78, 81 ff., 86, 89, 102, 106
Nürnberg, Reichstag von (1532) 34
Nürnberger Gesetze 90 f.
Nürnberger Prozesse 106

Oder-Neiße-Linie 104
Ohnesorg, Benno (gest. 1967) 118
Organisation Consul 76
Österreichischer Erbfolgekrieg 50
Ostfranken 18 f.
Ostgoten 13
Ostverträge 120

Otto I. der Große, dt. König (936-973),
 Kaiser (962) 19, 22
Ottonen 19

Papen, Franz von (1879–1969),
 Reichskanzler 82 f.
Pariser Verträge 114
Parlamentarischer Rat 109
Partisanenkrieg 96
Paulskirche 60 f.
Pest 29
Pieck, Wilhelm (1876–1960), kommunist.
 Politiker 107, 110
Pippin II., fränk. Hausmeier (687–714) 14
Pippin III., fränk. Hausmeier (741–751),
 König (gest. 768) 14
Polenfeldzug 93
Ponto, Jürgen (gest. 1977), Bankier 121
Potsdamer Abkommen 104
Prager Fenstersturz (1618) 40
Probst, Christoph, Widerstandskämpfer 95
Pruzzen 28

Raspe, Jan-Carl (gest. 1977) 121
Rat der Volksbeauftragten 73
Rathenau, Walther (1867–1922),
 Großindustrieller und Reichsminister 76
Ravensbrück, KZ 85
Reformation 34 f., 42
Reichsdeputationshauptschluss 54
Reichskristallnacht 91
Reichsritter 54
Reichstagsbrand 84, 86
Rentenmark 77
Rheinbundakte 54
Rheinlandbesetzung 92
Rhense, Kurverein von 30
Ritter 17, 27 f.
Röhm, Ernst (1887–1934), Stabschef der SA 88
Röhm-Putsch 88
Rote Armee Fraktion (RAF) 121
Ruhrkampf 77

SA (Sturmabteilungen der NSDAP) 82, 85, 88

Sachsen 13, 16, 19

Sachsenhausen, KZ 25

Salier 30

Sarajewo, Attentat von 69

Scheel, Walter (geb. 1919), Bundespräsident (1974–1979) 123

Scheidemann, Philipp (1865–1939), sozialdemokrat. Politiker 72 f.

Schirach, Baldur von (1907–1974), nationalsozialistischer Politiker und Reichsjugendführer 89

Schleicher, Kurt von (1882–1934), General und Reichskanzler 83, 88

Schlesien, Kriege um (1740–1742, 1744/1745) 50

Schleswig-Holstein 62

„Schleswig-Holstein“, Linienschiff 93

Schleyer, Hanns Martin (1915–1977), Arbeitgeberpräsident 121

Schmalkaldischer Krieg 39

Schmidt, Helmut (geb. 1918), Bundeskanzler 123

Scholl, Hans (1918–1943), Widerstandskämpfer 95

Scholl, Sophie (1921–1943), Widerstandskämpferin 95

Schutzhaft 85

Schwarzer Freitag 80

Schwarzer Tod 29

Schwertbrüderorden 28

SD (Sicherheitsdienst des Reichsführers SS) 82

SED (Sozialistische Einheitspartei Deutschlands) 107, 110, 113, 126 f.

Seldschuken 26

Seuchen 29

Siebenjähriger Krieg 50

Slawen 13

Sobibór, Vernichtungslager 97

Somme, Schlacht an der 70

Sozialistengesetz 66

Spartakusbund 72

SPD (Sozialdemokratische Partei Deutschlands) 72 f., 81, 84, 86, 106, 120, 122 f., 124

Spee von Langenfeld, Friedrich (1591–1635), Jesuit 42

Spitzweg, Carl (1808–1885), Maler 58

Springer-Verlag 118

SS (Schutzstaffeln der NSDAP) 82, 88 f.

Stalin, Josef (1879–1953), sowjet. Politiker 93, 104, 108

Stalingrad, Schlacht von 95

Starhemberg, Ernst Rüdiger Graf von (1638–1701), Heerführer 46

Staufer 25

Stauffenberg, Claus Graf Schenk von (1907–1944), Widerstandskämpfer 98

Stein, Heinrich Friedrich Karl Freiher vom und zum (1757–1831), Staatsmann 55

Stralsund, Friede von 31

Stresemann, Gustav (1878–1929), Reichskanzler und -minister 79

Syagrius, röm. Statthalter (5. Jh.) 14

Tacitus, Publius Cornelius (um 55–nach 115), röm. Geschichtschreiber 12

Talleyrand, Charles Maurice, Prinz von (1754–1838), frz. Staatsmann 57

Tannenberg, Schlacht von (1410) 28

Templerorden 27 f.

Tetzel, Johannes (um 1465–1519), Dominikaner 34

Tilly, Johan Tserclaes Graf von (1559–1632), Heerführer 41

Treblinka, Vernichtungslager 97

Truman, Harry S. (1884–1972), Präsident der USA 104

U-Boot-Krieg 93

Ulbricht, Walter (1893–1973), kommunist. Politiker 110, 117

Ungarn 19, 22
Union, protestantische 40
Urban II., Papst (1088–1099) 26 f.

Valmy, Kanonade von 51
Verdun, Schlacht von 70
Verdun, Vertrag von 18
Vereinte Nationen 110, 127
Versailles 47, 64
Versailles, Vertrag von 74 f., 92 f.
Vertreibung, Vertriebene 103
Vietnamkrieg 118
Völkerwanderung 13
Völkerbund 79
Volksgerichtshof 95
Volkskammer 110, 127
Volkswagen 87

Wackersdorf, Wiederaufbereitungsanlage
    122
Währungsreform 108, 111
Waldemar IV. Atterdag, König von Dänemark
    (1340–1375) 31
Wallenstein, Albrecht von (1583–1634),
    Heerführer 41
Wandalen 13

Wannsee-Konferenz 96 f.
Warschauer Pakt 115, 117
Wartburg 35
Wartburgfest 58
Waterloo, Schlacht von 57
Weimarer Republik 73, 81 f.
Weiße Rose 95
Weltkrieg, Erster 70 ff.
Weltkrieg, Zweiter 93 ff.
Weltwirtschaftskrise 81
Westfälischer Friede 43
Westfranken 18
Westgoten 14
Wiederbewaffnung 114
Wiedergutmachung 112
Wiener Kongress 56 f.
Wilhelm I., König von Preußen
    (1861–1888), Kaiser (1871) 63 f., 67
Wilhelm II., Kaiser (1888–1918) 66 ff., 67
Wirtschaftswunder 111
Worms, Reichstag von (1521) 35
Wormser Konkordat 23

Zentrumspartei 81, 86
Zwei-plus-Vier-Gespräche 127
Zunft 32
Zyklon B 97

Reinhard Barth wurde 1943 geboren. Nach dem Studium der Geschichte, Germanistik und Philosophie arbeitete er zunächst als Hörspielautor für den Rundfunk, bevor er sich ganz dem Schreiben historischer Beiträge für Zeitschriften und Lexika widmete. Wenn Reinhard Barth nicht gerade an seinem Computer sitzt, geht er – bei Wind und Wetter – mit seinen Hunden spazieren.

Verena Ballhaus wurde 1951 in Gemünden am Main geboren. Schon früh begeisterte sie alles, was mit Farben und Formen zu tun hat. Aus diesem Grund besuchte sie nach der Schule die Kunstakademie in München, an der sie neben Malerei und Grafik auch Kunsterziehung studierte. Nach dem Studium arbeitete sie zunächst für einige Zeit als Bühnenbildnerin, widmet sich aber nun schon seit vielen Jahren dem Illustrieren von Kinderbüchern. Für ihre Arbeit wurde Verena Ballhaus bereits mehrfach ausgezeichnet, u.a. mit dem Jugendliteraturpreis.

Bildnachweis:
Keystone Bildagentur: S. 57, 71, 83, 97, 103, 105; dpa: 35.

Nachgefragt
– und Mitreden ist kein Problem mehr!

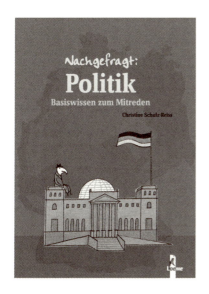

Du meinst, Politik sei nur etwas für Erwachsene? Weit gefehlt! Ob du Pfand auf Coladosen bezahlen musst, in deiner Stadt ein Jugendtreff eröffnet wird oder sich der Eintrittspreis für das Freibad erhöht – alle diese Dinge werden von Politikern entschieden und beeinflussen auf irgendeine Weise dich und dein Leben. Deshalb ist es wichtig, Bescheid zu wissen und sich einzumischen. Damit du die Politik nicht nur verstehst, sondern auch selbst mitreden kannst.

Tarifverhandlungen, Investitionen, Wettbewerb – wenn Erwachsene sich über Wirtschaft unterhalten, schwirrt einem schnell der Kopf. Doch wirtschaftliche Zusammenhänge betreffen uns alle ganz unmittelbar. Egal, ob du beim Zeitungsaustragen dein Taschengeld aufbesserst, Jeans und CDs kaufst oder auf der Bank ein Girokonto eröffnest, immer bist du wirtschaftlich aktiv. Deshalb ist es wichtig, genau Bescheid zu wissen. Damit du die Wirtschaft nicht nur verstehst, sondern auch selbst mitreden kannst.